PLANETA + TESTIMONIO

CIEN RESPUESTAS PARA TENER FE

CIEN RESPUESTAS PARA TENER FE

CARLOS AMIGO VALLEJO
ARZOBISPO DE SEVILLA

PLANETA

Córcega, 273-279, 08008 Barcelona
(España)

Diseño de la colección: Pati Núñez

Realización de la cubierta: Departamento de
Diseño de Editorial Planeta

Ilustración de la cubierta: «El cabrero
italiano» o «Efecto crepuscular»,
de Jean-Baptiste Camille Corot, Musée du
Louvre, París (foto Giraudon)

Primera edición: febrero de 1999

Depósito Legal: B. 1.061-1999

ISBN 84-08-02909-6

Composición: Fotoletra, S. L.

Impresión: Hurope, S. L.

Encuadernación: Encuadernaciones
Roma, S. L.

Printed in Spain - Impreso en España

ÍNDICE

DECLARACIÓN DE INTENCIONES

Cien respuestas para tener fe. Podrían ser un millar y muchas más. Es decir, que inacabable es la lista de las preguntas y de las respuestas sobre las cosas de la fe. Hay, sin embargo, una palabra que es la síntesis y la vida de todo: Dios. Y la fe es regalo y favor de Dios, ya que nada hay de bueno en el corazón del hombre que Él allí no lo haya puesto.

En las bendiciones, y en las piedras de tropiezo que hay en el camino, se van descubriendo las huellas que Dios ha dejado a su paso por todas las cosas y en todos los acontecimientos. Unas veces, la misericordia hace que el bien se contemple con alegría. En otras ocasiones, el mismo mal y vacío que dejó el pecado del hombre es el que ayuda a pensar que solamente recuperando el bien perdido se puede retornar a la verdad.

Se hizo el sondeo y la encuesta. Aparecieron las cuestiones que más preocupan: unas inquietan a la inteligencia y otras al afán de curiosidad. Se eligieron cien. Las más repetidas. Es evidente el dispar valor de importancia en los temas propuestos. Algunas preguntas son fundamentales (Dios, Cristo, la fe...). Otras, manifiestamente prescindibles.

Igual que las preguntas, también son desiguales las respuestas. Se ha evitado la disquisición preciosista, la sutileza teológica, el ropaje erudito. Se supone y pretende que este libro no deba caérsele de las manos a nadie.

Tampoco es un tratado de apologética y defensa a ultranza de unos convencimientos personales. La fe es un regalo de Dios con valor en sí misma. Su fuerza es su propia verdad: la que Dios ha revelado manifestándose a Sí mismo.

También hay que avisar sobre el peligro de fundamentalismo en quienes desearían eliminar cualquier duda sobre lo que es simplemente opinable. En la manera de formular algunas cuestiones se vislumbran los deseos de obtener una respuesta que avale la propia tesis de quien hace la pregunta.

La extensión con la que se responde tampoco es criterio de valoración e importancia de las diversas cuestiones. Puede haber preguntas fundamentales que exigen pocas palabras en el discurso de respuesta.

Cien respuestas para tener fe o unas cuantas reflexiones que ayudan a fortalecer y a vivir la fe que se ha recibido. Siempre será el favor gratuito de Dios el que haga fecundo el trabajo. Pues sólo cuando Dios va delante se llega a algún sitio. Y allí se encuentra el grato reposo de la fe.

I. LA PREGUNTA SOBRE DIOS

1. ¿Existe Dios?

Siempre buscando una garantía para que la felicidad tenga consistencia y perdure. Parece como si esa felicidad fuera algo tan efímero y resbaladizo que no se acabara nunca de poder tenerla entre las manos. Y se sigue buscando. Y continúa la experiencia de la transitoriedad de todo. ¿No existe nadie que pueda garantizar el fundamento y la estabilidad de cuanto conocemos?

Puede ser que hayamos equivocado el camino. Nos empeñamos en querer adueñarnos de esa piedra mágica que colme deseos y resuelva curiosidades. Pero son otras harturas las que desea el hombre en lo más profundo de su interés por saber algo de la existencia de Dios.

Pero ¿Dios existe? En esa pregunta ya está implícita alguna respuesta. Que no preguntarías, sinceramente, si no se viera la posibilidad de una respuesta positiva. Más que un interrogante, es la expresión de un profundo deseo de tener ese aval de seguridad que se está buscando. La pregunta puede también encubrir la intención de obtener una respuesta negativa que libere de cualquier responsabilidad, intelectual o moral, de tener que vivir en coherencia con todo lo que supone el reconocimiento de la existencia de Dios.

¿Qué es la verdad?, le dice Pilatos a Jesús. Era una manera de evadir la incomodidad de la reflexión y del interés. Una forma de indiferencia, de huida ante la posibilidad de encontrar la verdad. La indiferencia no soluciona ni tranquiliza. Soslaya el problema que volverá a aparecer días después.

A medida que vamos subiendo hacia lo alto de la montaña nos percatamos de que el espacio que puede limitar la línea del horizonte se hace cada vez mayor. No se han agotado las medidas al llegar a la cumbre. Se podrán divisar otros horizontes. Siempre queda la posibilidad de escalar montañas más altas.

Ilimitadas son nuestras posibilidades, cuando menos en la intuición inteligente y en el deseo de poder conocer unas realidades completamente nuevas. No hay que renunciar a nada. Mucho menos a la capacidad de poder conocer la existencia de Dios por el camino de la inteligencia, de la reflexión. Ahora bien, ese conocimiento no será más que una pobre aproximación, pues los límites del horizonte divino son infinitos y siempre queda una cumbre más alta por alcanzar.

Ese interminable caminar hacia lo más alto, hacia lo más profundo, va descubriendo la necesidad lógica de alguien que esté en el comienzo y al final de todos estos límites y horizontes, que ofrezca sustentamiento a tanta precariedad como manifiesta la experiencia de lo limitado, de la caducidad, de la nada por la nada.

Dios, origen y final de todo, puede ser conocido por el hombre. ¿Por qué se han de poner límites a la inteligencia? No conviene decir: Hasta aquí hemos llegado en nuestro conocimiento y no podemos avanzar. Siempre hay un nuevo y desconocido horizonte para la investigación.

Limitados en los conocimientos y los datos que poseemos, pero no en la posibilidad de conectar con algo nuevo. El hombre puede ver mucho más allá del horizonte de sus propias limitaciones. Aceptar esta realidad personal es reconocimiento de la elevada dignidad de la razón humana, que puede hasta llegar a conocer a Dios como la realidad suprema, principio y fin de todo.

Como buenos compañeros de viaje tendremos cuanto de bueno vayamos encontrando por el camino: las criaturas que nos hablan del Creador. Nos lo dirán en un lenguaje fácil de comprender, siempre que el corazón y el oído estén abiertos para escuchar. Es cierto que las cosas que vemos no lo explican todo, pero ayudan a seguir preguntando por el Autor de todas ellas.

¿De dónde venimos? ¿Adónde vamos? Y muchas y muchas preguntas más. Sobre todo una muy importante: ¿Quién ha puesto en mí este deseo de conocer a Dios? ¿Cómo puede estar metido hasta los hondones del corazón del hombre? Todos los pueblos de todas las culturas se han preguntado por Él.

Mal trabajo es querer sofocar la verdad tratando de apagar las luces de la inteligencia. Es actitud de soberbia, que se encierra en el propio orgullo para no reconocer la existencia de Dios. Se blasfema de Dios no sólo con el insulto a su nombre, sino con su negación, pues es como vejación de la bondad divina pretextar la insuficiencia del razonar humano o poner los males que afligen al mundo para no creer en la existencia de un Dios justo.

Tampoco es buen método el querer escindir y separar mente y corazón. El hombre actúa como persona, como unidad. Conoce y quiere. Desea y busca.

Por eso habrá que lavar la mente de la suciedad de los prejuicios y el corazón de los resentimientos del mal. Limpieza de la mente, que es honestidad intelectual y aceptar el compromiso de la coherencia entre lo que se descubre y lo que se declara. Aseo del corazón, que es generosidad para amar, más allá de las cicatrices que la humillación y el sufrimiento dejaron en los sentimientos. Se puede mentir y engañar a los demás. Pero más fácil es mentirse y engañarse a uno mismo. Y es que el orgullo facilita mucho el seguir ese camino de la autoconfusión. Al salir de uno mismo se agranda la dimensión y se ve mejor la propia realidad. Teme el hombre elevarse hasta Dios. ¿Será que tiene miedo a verse como es y a aceptar la responsabilidad que lleva consigo ser de verdad criatura racional, con una enorme capacidad para comprender y hacer el bien?

No preguntarías por Dios si no lo hubieras ya conocido. Habrá que dejar abierta la posibilidad de que Dios sea Dios. Y ponerse de su parte, aunque nada más sea como hipótesis para seguir buscando. Si dejas que Dios vaya delante... seguro que llegas a buen final. Grita y pregunta a Dios si de verdad existe. Pero no te olvides de tener la suficiente cordura y sensibilidad para saber escuchar la respuesta de Dios.

Razonar sin confianza es preguntar sin esperar respuesta. Grito sin eco ni resonancia en la conducta. Con la duda, la mente pierde dimensión y el deseo se encoge. Con la posibilidad, la mente se abre y el corazón espera.

Muchas veces, el despropósito está en el instrumento. Se quiere ver las estrellas con una simple lupa de escritorio. No hay proporción. Tampoco cuando nos empeñamos en meter a Dios en el cajón de nuestras reducidas coordenadas. No cabe. Es de otras proporciones.

¿Por qué este interés por Dios? Es difícil hurtarse a estas cuestiones. Dios te ha hecho para Él. Todas esas preguntas son una buena prueba de ello. Y no la menos inconsistente.

Dos extremos: el adueñamiento y la huida. Trata de adueñarse de Dios el ateísmo, que niega lo trascendente por acientífico, por alienante, por rebeldía ante el mal que se detecta en el mundo. Toma a Dios y lo destruye. La huida es indiferencia. Desinterés agnosticista. Con las variantes de orgullo, de autodefensa ante la incoherencia del comportamiento, perezoso en el trabajo de buscar la verdad...

En sentido bien distinto de esos extremos se coloca la admiración, que es generosa capacidad para aceptar que el otro pueda ser, existir y hablar. Sin esa generosidad ni se escucha ni se aprende. Aceptar la existencia de Dios no es sólo conclusión de razonamiento, es pasión ética por la verdad, moral del pensamiento.

Dios existe. Pero existe como Dios. No intentes conocerlo como si fuera algo distinto. El resultado habría sido encontrar nada más que un ídolo.

Recomendación: busca a Dios con sencillez de corazón. Porque Dios se manifiesta a los que no desconfían. Los pensamientos torcidos alejan de Dios. Así lo dice el libro de la Sabiduría. Y el de los Salmos: Tú, Señor, enciende mi lámpara para que pueda ver tus caminos.

2. ¿Cómo es realmente Dios? ¿Es amor o es justicia?

Ten mucho cuidado, pues si no andas con rectitud en el camino del conocimiento de Dios y pones por delante tus interesados deseos, más que el sincero amor de lo que buscas puede ser que te encuentres con un ídolo, pero no con el Dios verdadero.

Si quieres que Dios sea justo contigo y vengador que humille al que es tu enemigo. Si pides para ti benevolencia y para los demás castigo. Si quieres adueñarte de Dios en tal manera que Dios sea como tu amor torcido quiere, no vas a saber nunca cómo es Dios.

Con la razón y la inteligencia se puede llegar hasta Dios, pero sabiendo recoger la parte de verdad, de belleza y de bien que existe en el entorno de lo humano.

Al querer completar la parte que falta en la propia limitación se descubre la perfección, lo acabado, la supremacía y fundamento de todo. En Dios se encuentran los valores y perfecciones que podamos imaginar. Dios es Dios, la abundancia del bien sin límite alguno. Es más, cualquier atisbo de bondad solamente en Dios puede tener consistencia y última razón.

Dios es lo más grande, el más bueno, el justo y el misericordioso. Más aún: Dios es la misma bondad, la justicia, la misericordia, la unidad, la perfección, la omnipotencia.

Cuando, junto a estos atributos, se habla de un Dios invisible, incomprensible e inalcanzable, se completa el «retrato» de Dios y se ve lógico que para llegar al que no se ve, al que nunca se acaba de comprender ni alcanzar, hagan falta unas disposiciones especiales en el hombre: la aceptación de que Dios pueda manifestarse tal como es. Que pueda hablar y mostrar su rostro.

Dios presente en todo, no como realidad física y supliendo el ser de cada cosa, sino como cimiento y fin de cuanto se puede contemplar. Presente en lo más exterior y en lo más íntimo, en lo de ayer y en el futuro. A su historia le falta el primer capítulo. Tampoco se pondrá el final: Dios es eterno. El tiempo no cuenta en Él. Tampoco el cambio y la vicisitud. Es inmutable. Siempre Él mismo.

Amor y justicia no solamente no son términos contradictorios sino que necesariamente tienen que ir unidos. Dios es justo, pero su vara de medir es la de la misericordia. Sólo al que es malvado puede enfadarle la misericordia de Dios. Ahora bien, Dios no podrá dar aquello que no tiene, es decir, el mal y la mentira. Por eso, el que se empeña en seguir ese camino está fuera del ámbito de Dios. Pero Dios pone en el corazón de la persona la gracia del arrepentimiento, para que pueda deshacer el mal camino y retornar. Y la justicia de Dios resplandecerá en la misericordia.

¿Cómo es Dios? Dios es inagotable. Hay, sin embargo, un secreto para conocer a Dios: amarle sin medida. El amor todo lo puede. Y Dios es Amor.

3. ¿Si el hombre fue creado a imagen de Dios, cuál es la imagen de Dios?

La imagen de Dios es el Verbo, encarnado en Cristo.

Tratar de empequeñecer a Dios para poder dominarlo es intento vano. La semejanza no quiere decir igualdad, sino parecido. Siempre hay una distancia infinita entre Dios y el hombre. Así es como hay que aceptar a Dios: inmenso en todas las dimensiones y conceptos. Todo lo desborda, todo lo supera. Y, al mismo tiempo, fundamenta y da sustentamiento a todo lo creado.

A imagen de Dios fue creado el hombre. La criatura se parecía a su creador. Pero no en la imagen física. Parecido por la dignidad, por el poder conocer y amar, por el dominio que puede tener sobre las demás cosas creadas. Lo hiciste casi como los ángeles —canta el salmo—, lo coronaste de gloria y de dignidad, todo lo sometiste bajo sus pies.

La creación no fue una aventura sin sentido y por acaso. Es la misma voluntad de Dios que actúa de la única manera como pueden concebirse todas las acciones de Dios: como una obra de su amor.

Por otra parte, si no hubo azar en el principio y sí amorosa decisión, ese amor de Dios está presente en la providencia y cuidado de todas las cosas. Providencia que es garantía del valor y dignidad del hombre como ser dotado de libertad, que puede relacionarse con su Dios creador para alabar su nombre. Dios, al hacer al hombre a su imagen, le ha dado la capacidad de ser responsable de sus actos y comportamientos. También el don de la inmortalidad: vivirá para siempre. Primero en la tierra, después en la eternidad.

Buenas consecuencias son las que sacamos de estas verdades y reflexiones: que el hombre puede dominar a las criaturas, procrear y querer, ver en el otro hombre la misma imagen de Dios que Él mismo tiene, valorar a su hermano y reconocer el amor que Dios pone en cada persona.

La imagen más exacta, más clara y diáfana de Dios la conocemos en Jesucristo. No es que se parezca a Dios: es Dios mismo. Ésta es la auténtica y verdadera imagen de Dios: Jesucristo. Se puede decir que Dios creó al hombre teniendo delante, no otro modelo, sino la humanidad de su hijo Jesucristo.

Por eso, el cristiano siente la urgencia no sólo de acercarse y de imitar a Jesucristo, sino que busca ardientemente el poder identificarse por completo con Él. Quiere alcanzar su propia medida, encontrar su horma y modelo.

Cuanto más identificado con Jesucristo, en su palabra, en sus acciones y actitudes, en su amor al Padre, más se descubre la verdadera imagen del hombre creado por Dios. Jesucristo manifiesta y descubre al hombre la propia imagen del hombre.

La imagen, en el sentido creador, no es simple representación y modelo, sino vida. Dios puso de su vida en la vida del hombre. De ahí viene esa insaciabilidad por la verdad, por la felicidad. El hombre tiende a lo infinito, a lo perfecto.

¿Cómo es la imagen de Dios? Dios tiene el esplendor de todas las perfecciones: la fascinación de la unidad, de la verdad, del bien, de la belleza, de la eternidad...

4. Las religiones ven la existencia de Dios como algo indudable e incuestionable. ¿Por qué para el cristianismo Dios está escondido? ¿Dónde está cuando lo necesitamos?

De Dios podemos tener un conocimiento muy vivo y cercano, pero no una evidencia comprobada con unos criterios experimentales. Dios es de otra manera y, por tanto, la experiencia que de Él podemos tener es espiritual, religiosa, por creencia de fe, por la racionalidad del mismo concepto de Dios.

Que Dios esté escondido no significa que sea incognoscible y velado por completo a nuestro conocimiento. Se puede decir que está escondido para quien desea hacer de Él un objeto más de experimentación positivista. Se puede llegar al conocimiento de Dios por el camino de otras ciencias, como son la teológica, la espiritual, incluso la filosófica. El monopolio de la verdad conseguida no lo tiene un solo tipo de conocimiento. Ninguno puede decir, con seriedad científica, que sólo existe aquello que se puede ver y tocar y que cabe dentro de unas coordenadas físicamente evidenciables. Sería renunciar a las posibilidades ilimitadas de la persona para alcanzar nuevos conocimientos.

Más que de un Dios escondido, tendremos que hablar del misterio de Dios. No es un Dios oculto, sino un Dios que se ha manifestado, pero como misterio. No para poner a prueba la capacidad del hombre para reconocer lo que trasciende las posibilidades del conocimiento experimental y sensible, sino para entrar dentro de una ciencia distinta y nueva.

Las mismas dificultades que puede tener la luz de la razón para encontrar, por ella sola, el misterio de Dios nos están hablando de la posibilidad de otros caminos de conocimiento. El hombre no tiene derecho a poner el horizonte. Siempre se puede subir más, abarcar nuevos espacios.

El misterio no es una barrera sino un estímulo para la inteligencia. Es una llamada para seguir buscando, para revisar los métodos, para recurrir a otras posibilidades, para aceptar otras luces, para limpiar el alma de prejuicios y desamores.

Creer en Dios. Ésta es la palabra. No podemos contentarnos con un conocimiento limitado y probabilista. Necesitamos la certeza de la fe. Creer es ponerse ante la realidad del misterio y aceptar la manifestación que Dios mismo ha hecho en Jesucristo.

Si subo hasta los cielos, allí estás tú. Si bajo a los abismos, allí te encuentro (Salmo 139). También en la intimidad más propia y escondida a los ojos de los demás, pero viva en la experiencia personal. La huella creadora de Dios está en la grandeza del universo y en la pequeñez de tantas cosas que solamente en Dios pueden tener sustentamiento. Nada podría verse si no hubiera una luz que lo iluminara.

¿Dónde está Dios? Presente en todas las cosas, pero no circunscrito en ellas, sino dándoles la consistencia de ser lo que son. No es nuestra necesidad la que va a descubrir, ni mucho menos *crear*, a Dios. Pues Él no emerge del deseo del hombre. Es anterior al mismo hombre. Es su creador.

Quizá la pregunta no sea dónde está Dios cuando lo necesitamos, sino esta otra: ¿En qué extraño mundo vives que todavía no te has encontrado con Dios? Quizá un mundo irreal, ficticio, creado por la fantasía, por el prejuicio, por convencimiento de incapacidad para subir más.

Otra pregunta: ¿Para qué necesitas a Dios? ¿Para que resuelva los problemas que debes solventar tú mismo con la luz que Él te ha dado? ¿Para ver con los ojos aquello que solamente puede contemplarse en la forma propia de un ser supremo que es esencialmente amor?

El Dios de los cristianos es un Dios vivo. Misterio escondido, pero revelado en Jesucristo.

5. ¿Sirven de algo los santos o con Dios ellos se vuelven superfluos?

Sin Dios sería imposible pensar en los santos. La santidad es una participación de la misma vida de Dios, de ese amor inconmensurable del Creador de todas las cosas. No son Dios, pero los santos son una prueba más de la existencia divina, pues en ellos vemos reflejadas las perfecciones del Altísimo. La vida de los santos es una magnífica lección de amor a Dios y, en la veneración de estos testigos de la fe, se reconoce la abundancia de los frutos de la redención operada por Jesucristo. En los santos hay un ejemplo de fidelidad del hombre a la gracia recibida de Dios.

Cristo es el único mediador ante el Padre, pero ellos, unidos a Jesucristo, nos ayudan a ese encuentro con el Señor. La devoción a los santos no sólo no ensombrece el culto debido a Dios, sino que lo hace todavía más necesario, pues tendremos que agradecer al Señor toda la bondad manifestada en sus siervos.

Dos extremos igualmente perniciosos en el culto a los santos son: el devocionismo rayano en la idolatría y la magia, y el de los nuevos iconoclastas, que quieren eliminar cualquier forma de representación sensible y culto a los santos.

Si la devoción comienza y termina en el santo, se ha matado la santidad. Es un ídolo muerto. Una persona es santa en la medida que se manifiesta en ella la gloria de Dios. La contemplación sincera del santo conduce inevitablemente al reconocimiento agradecido de Dios, Padre de nuestro Señor Jesucristo.

Por el contrario, la eliminación del culto a los santos es minusvaloración de la obra redentora de Jesucristo y de la aplicación de sus méritos. Olvido de la acción del Espíritu Santo, negación de las promesas de las bienaventuranzas y falta de fe en el misterio de la resurrección del Señor.

Al dar culto a los santos también hay un reconocimiento de la vida eterna, de la existencia más allá de la muerte, de la esperanza del encuentro con ellos. Con los santos, en Jesucristo, formamos un solo Cuerpo e Iglesia. Ellos han llegado al santuario de Dios. Nosotros todavía somos peregrinos. El camino que ellos hicieron es ejemplo y estímulo. Sobre todo cuando nos dicen que el único y verdadero camino es Jesucristo.

Entre todos los santos, ninguno más enaltecido, querido y venerado que la Santísima Virgen María, la Madre de Jesús. En ella se refleja de modo admirable la santidad de Dios. Llena de gracia, inmaculada, ejemplo de todas las virtudes. Sin embargo, ella repite continuamente a la Iglesia las palabras de las bodas de Caná de Galilea: Haced lo que Él os diga.

Los santos nos ayudan a conocer y a vivir el misterio de Dios manifestado en Jesucristo. Son unos ejemplos admirables propuestos por la Iglesia. No se puede pensar en Dios y en los santos solamente como un recurso para pedir la solución de necesidades materiales.

6. ¿Tiene algún significado religioso la historia de la humanidad?

Más que una cuestión de tiempos pasados, la historia es la memoria de la vida. Los capítulos de la historia no son simples retratos de lo que aconteciera un día lejano, sino páginas escritas por la libertad, el pensamiento y los hechos de las personas.

En esa vida de la humanidad no es que haya un capítulo dedicado a lo trascendente, a lo religioso, a Dios, sino que la historia misma está protagonizada por ese deseo del hombre de trascendencia. Incluso, la pretendida intención de liberarse de Dios y de cuanto con Él pueda hacer referencia es una prueba más de que se le considera como existente y actuando en el mundo.

Las relaciones entre los pueblos, la cultura, los monumentos y el arte, la literatura, la música, los sentimientos y tradiciones, la evangelización y la fe... Dios, por muchos motivos, es el Señor de la historia. En sus acontecimientos, la historia de la humanidad es como una enorme y brillante transparencia que deja vislumbrar unas imágenes distintas y más allá de lo que se ha percibido con la visión sensible y directa de las cosas. Orientación que va superando grados y etapas. Siempre buscando la perfección, el dominio y la paz, que es ordenamiento de las cosas y triunfo de lo justo.

En los relatos religiosos de la creación siempre destaca el de la Biblia, que trata de explicar el origen de lo creado y llevar al hombre a su vocación original de comunicación con Dios. Todos los pueblos, de todas las épocas, de todas las culturas, se han sentido llamados por esa primera vocación. Anhelo y búsqueda de Dios. Unos para quererlo y otros intentando negar presencia y existencia. La indiferencia no cuenta. Es evasión y huida.

Páginas negras y capítulos desedificantes de la historia se vuelven contra la aceptación de la presencia de lo divino en la historia. ¿Dónde estaba Dios? ¿Qué historia es la que dejaba que se estuviera realizando? El amor no se impone con violencia sino que se ofrece, garantizando la respuesta de la libertad para poder aceptarlo.

No sólo tiene significado religioso la historia de la humanidad, sino que sin Él no existiría la humanidad. Las alianzas con Dios —religaciones dirán otros— son tan fuertes que cualquier intento por deshacerlas produce un quebranto en la historia de la humanidad.

Sería muy fácil recordar los horrores de funestos capítulos de orgullos, ambiciones, afanes de poder y de venganza, de primacías y hegemonismos. Si Dios hubiera estado allí... Y si los hombres le hubieran hecho caso y aceptaran la ley y la voluntad de Dios...

La historia, escrita en cristiano, es una buena noticia de salvación. Son acciones de Dios que llegan a su cumbre con la presencia del Dios eterno en el tiempo de los hombres. Dios-con-nosotros. Jesucristo, el Señor y centro de la historia. Desde la creación, todo hacia Él se dirige. Desde la Resurrección, todo a Él se refiere.

No hay que olvidar, por otra parte, que lo humano no es enemigo de lo divino, sino expresión de una capacidad de relación con Aquel que todo lo sobrepasa.

II. LA FE CATÓLICA Y EL HOMBRE

7. ¿Qué entiende la Iglesia por fe?

Creer en Dios y creer lo que Dios ha dicho y manifestado. Aceptar a Dios y confiar en Él. La fe es inseparable de una relación personal. Tener fe es como meterse en lo íntimo de una persona, fiarse de ella, no en lo que aparece y se ve, sino por la credibilidad que ofrece esa misma persona. También hay una relación personal respecto al que cree, pues tiene que salir de sí mismo, abandonar el propio criterio para aceptar el pensamiento de otros. Por eso hablamos de confiar, de tener fe en alguien, de creerle.

Pero ahora se trata del encuentro, de la relación personal entre el hombre que busca a Dios y Dios que se ofrece, que habla y se manifiesta de muchas maneras diferentes. Fiarse de Dios, aceptar su palabra y seguir la verdad que ofrece es tener fe en Dios. Esa aceptación de Dios no queda en mera adhesión intelectual, teórica, sino que lleva a transformar la vida, a adoptar unos determinados comportamientos acordes con la verdad que se ha conocido y porque Dios la ha manifestado. La fe es, por tanto, una actitud existencial que llega a las ideas y al comportamiento, que empapa no sólo los entresijos de la persona, sino que orienta también las relaciones con los demás. La fe es autorrevelación de Dios. No es la manifestación de una verdad, sino que es Él mismo el que se revela, lo que origina una comunión con el Dios vivo.

Sería de todo punto imposible que se confiara en alguien si esa persona, en alguna manera, no se hubiera manifestado, aparecido, dicho algo, se tuviera noticia de ella. También lo podemos referir a Dios. Se necesita una manifestación de lo divino, una revelación del «misterio escondido». Aquí entra la iniciativa de Dios y de la gracia. Dios habla y el Espíritu abre el corazón del hombre para que vea en el Hijo, en Jesucristo, la presencia, la revelación de Dios. No es, por tanto, una credibilidad, una fe meramente humana, sino un don, un regalo libre y gratuito que Dios ofrece y que el hombre puede recibir o rechazar. Lo que es imprescindible, para creer, es la llamada de Dios: nadie puede venir si el Padre no le llama.

Todo es gracia y favor de Dios, que habla y se manifiesta, tanto en los signos de la historia como en su palabra y en la intimidad de cada uno. Hay una revelación natural y otra sobrenatural. La natural está en la creación y en los acontecimientos humanos. La sobrenatural en la historia de la salvación. Lo que revela en la intimidad de cada uno es lo que se manifiesta en su palabra en cuanto que comunicado y asimilado. La gracia ni encadena ni anula la libertad del hombre. Más bien la reconoce y defiende. Pues quien va a decidir y creer es el hombre. Dios ilumina, pero el hombre puede cerrar los ojos o valerse de otra luz. Quien rechaza es el hombre, no Dios.

Dios habla y el hombre escucha y responde libremente, ponderando razones y responsabilidades. Pero teniendo en cuenta la gracia de Dios.

Porque la fe es razonable, aunque los motivos que tenga el pensamiento para asentir no sean los de una evidencia física. Cuando menos hay que admitir la posibilidad de un conocimiento superior o lo que puede ser producto de la relación con lo inmediato y palpable. A esa racionalidad de la fe habrá que unir la responsabilidad que lleva consigo el creer. Dios no deja indiferente al hombre. La fe ilumina la conciencia, transforma criterios y comportamientos, compromete y orienta la existencia completa en una responsabilidad nueva.

No consiste la fe en aceptar algunas verdades, sino en creer en Dios. Solamente Dios mismo es el objeto de la fe. Dios vivo y manifestado en Jesucristo. Por tanto, la fe no es un juego intelectual para buscar razones de credibilidad, sino dejarse «seducir y poseer» por Jesucristo. Naturalmente que todo esto no puede realizarse sin la gracia del Espíritu.

Así entiende la Iglesia la fe y así la predica y ofrece. A quienes escuchan y siguen al Señor se les dicen las mismas palabras que a María: Feliz porque has creído; lo que ha prometido Dios se cumplirá.

8. ¿Cómo se educa a los hijos en la fe?

Siempre ha sido considerado como un arte difícil e importante el de la educación de las personas. Una tarea ineludible, delicada, importante, que compromete la responsabilidad de los padres, que son los primeros e insustituibles educadores en la fe de sus hijos. Derechos y deberes se entremezclan. Y tan irresponsable resulta el usurpar el derecho que a los padres les corresponde en la educación de sus hijos como olvidar la obligación, por parte de los padres, de hacerlo debidamente.

Al hablar de los padres se hace referencia a

toda la familia: hermanos, abuelos... La familia entera se convierte en agente de educación en la fe, pues los distintos acontecimientos que suceden en la vida de la familia marcan el itinerario de los diversos capítulos en que se conocen los misterios de la fe y se vive el acontecimiento religioso. Así, por ejemplo, el nacimiento y bautismo de un hermano, las fiestas religiosas, la muerte de algún conocido, la primera comunión, etcétera.

La familia siempre está considerada como la primera y más importante escuela de educación en la fe. En ella se reciben las mejores y más imborrables lecciones, los comportamientos que van a ser referencia durante toda la vida. Suelen quejarse los padres de que los hijos, al llegar a la juventud, se alejan de las prácticas religiosas. Pero no olvidarán lo que han visto y oído. Y lo que se ha sembrado dará su fruto.

¿Cómo educar en la fe? Ayudándose de los valores humanos que posee la familia: relación de padres-hijos, lealtad, comunicación, señales de afecto... Todo ello constituye un adecuado marco para la iniciación en el conocimiento de Dios y en la relación con Él. Una catequesis natural que hace *resonar* el misterio de Dios en los acontecimientos de cada día. A las preguntas de los hijos hay una respuesta desde la fe.

Junto a esa catequesis hay dos elementos imprescindibles: el ejemplo y la oración. Los padres siempre son figuras de referencia, autoridad ejemplar de vida de fe y conducta moral. Al irse despertando el sentido de Dios, la oración tiene que acompañar el desarrollo de la vivencia religiosa. Dios no es algo lejano y muerto, sino la presencia personal de Alguien que vive y está cerca, que escucha, que atiende, que ayuda. Que no es indiferente a la conducta de las personas.

De esta manera, con la catequesis, el testimonio y la oración, se va educando, de una manera sencilla y cotidiana, el sentido de Dios y la conciencia moral. No en una dirección individualista, sino abierta a la relación con los demás y a una proyección social y comunitaria.

Éste es el deseo y el esfuerzo de muchos padres en la educación religiosa de sus hijos, pero ¿no estaremos pensando con esto en una familia idílica que no existe más que en la teoría o que, al menos, no es el modelo real que tenemos en nuestro entorno cultural? ¿Es que los padres viven esa fe? ¿Dan un claro testimonio religioso y moral ante sus hijos? La familia es lugar privilegiado, pero no el único. La comunidad cristiana, la parroquia y el colegio tienen que ser la gran ayuda de la familia.

Hay que tener en cuenta la manera en que vive la familia, con el trabajo de los padres fuera de casa, la poca relación personal, el ambiente secularizado, separaciones y divorcios, la falta de formación religiosa y moral. Estas deficiencias no serán razón para el abandono de esa ineludible obligación de educar a los hijos, sino motivos para buscar el remedio y la sustitución: ayuda de los abuelos, de la catequesis parroquial, de la formación religiosa en el colegio, de la pertenencia a grupos juveniles apostólicos... Todo ello puede ser una notable y hasta imprescindible ayuda, pero los padres y la familia siempre son insustituibles en esa catequesis cotidiana, testimonial, llena de valores humanos y religiosos. ¿Cómo se educa a los hijos en la fe? ¿Cómo se forman los padres para educar la fe de sus hijos? Obligación de educar, pero también de formarse adecuadamente para poder realizar esa ineludible misión de la familia cristiana de educar en la fe a sus hijos.

9. ¿Son posibles los milagros? ¿También hoy?

Si miramos sólo al hombre y a su entorno, ni ayer ni hoy se considerarían posibles los milagros. Si nos ponemos en el ámbito de Dios, todo es posible, también lo extraordinario e inexplicable, como son los milagros. En todo lo asombroso, lo que es prodigio y fenómeno sin explicación humana, se ven la mano y la voz de Dios, que ofrece unas señales y quiere hacer oír un mensaje.

Los milagros son una intervención particular de Dios en el curso de la creación. Él es el Señor y Creador, nada puede impedir su actuación sobre lo creado. En el Nuevo Testamento, con la presencia de Jesús en el mundo, los milagros son señales de la presencia del Reino nuevo anunciado por los profetas. Esos prodigios realizados por Jesús demuestran que lo que se había prometido se está realizando: los ciegos ven, los muertos resucitan, los pobres son evangelizados.

Cuando Herodes vio a Jesús se alegró mucho, pues esperaba presenciar alguna señal portentosa. Jesús no realizó entonces prodigio alguno. Pues los milagros no tienen como finalidad saciar la curiosidad, sino que se relacionan con la acción misericordiosa de Dios y con el crecimiento y la reafirmación de la fe en Jesucristo, Salvador del pecado y de la muerte.

En los milagros se manifiesta la bondadosa misericordia de Dios para aquellos que sufren: enfermos, poseídos, minusválidos, los que lloran por alguien que se les ha muerto. Cristo se pone junto a ellos y les manifiesta la salvación. No todos, al ver el milagro, creyeron. La fe se refiere no a las señales, sino a la aceptación de Jesucristo como el Señor, pues los milagros no se dirigen a las cosas, aunque en ellas se realice la transformación prodigiosa, sino a las personas, en las que hay una verdadera conversión del corazón. Jesús, abriéndoles los ojos ante lo sensible, los ha llevado al amor del misterio: del pan multiplicado, al pan de la vida eterna; del muerto resucitado a Jesús, como la resurrección y la vida. Jesús no ha buscado, en momento alguno, el aplauso y la atención publicitaria, sino el reconocimiento de la misericordia de Dios y el mensaje salvador.

En el momento actual, ¿las acciones prodigiosas son una ayuda para la fe o constituyen un serio obstáculo para el verdadero creyente? Lo primero que habría que hacer es distinguir bien. El milagro como acción misericordiosa de Dios, por intercesión de la Virgen María o de los santos, es una señal de la presencia de Dios en las cosas humanas y, por tanto, un estímulo para la fe. Por el contrario, toda esa pretendida milagrería producto de la fantasía, con hechos sorprendentes, innecesarios, espectaculares, rayano en lo grotesco, prediciendo males y catástrofes, son un verdadero descrédito de lo religioso.

Si creemos no es porque hayamos visto hechos portentosos, sino por la gracia y la palabra de Jesucristo. Los milagros quedan dentro de esa posibilidad de Dios creador y misericordioso que escucha la oración de sus hijos. Los milagros son posibles, pero exigen discernimiento, tanto sobre la autenticidad del milagro como de la manera como se ha producido. Habrá que separar lo que puede ser producto de la fantasía, de la sugestión o del fraude y lo que es señal de la bondad de Dios y lleva a una conducta religiosa y moral de fidelidad a Dios, reconociendo a Jesucristo como el único salvador.

10. ¿Qué se puede opinar sobre los movimientos o personas que consideran a Cristo un hombre excepcional, pero sólo eso, hombre?

Ha sido un tema recurrente a lo largo de la historia. Unos pretendieron subrayar, ante todo, el carácter divino de Jesucristo, unigénito de Dios. Otros quisieron ver en Jesús de Nazaret nada más que un hombre, si bien con una doctrina y un comportamiento moral respetables.

En Cristo son inseparables la manifestación de Dios y la realidad de lo humano, la divinidad y el hombre perfecto, el rostro de Dios y el de la criatura. Una sola persona, un solo sujeto responsable de todas las acciones. Lo divino se hace visible en una naturaleza humana concreta, pero todas las acciones de Jesucristo se realizan desde esa persona única y divina.

Jesucristo ni es sólo hombre ni es sólo Dios. Es Dios y hombre verdadero, sin posibilidad de separación. Ahora bien, Cristo realiza una serie de acciones que reflejan una personalidad rica en los más destacados valores de la naturaleza humana, igual que hace prodigios solamente atribuibles al poder de Dios que estaba con Él. Jesucristo era el hijo único de Dios.

Cristo ofrece una doctrina admisible y convincente, habla con autoridad, realiza milagros sorprendentes con la única ayuda de su palabra, cura y salva... En momento alguno puede separarse la acción que realiza como hombre y lo que solamente podía hacer como Dios. Cristo es Dios y hombre verdadero. Hijo de Dios y carne de las entrañas purísimas de la Virgen María, la Madre de Dios.

11. ¿Importa mucho que Cristo haya resucitado?

San Pablo no puede ser más explícito cuando dice: Nuestra fe y nuestro trabajo serían completamente absurdos e inútiles si negamos la resurrección de Jesucristo.

Todo el crédito de la revelación se apoya en esta verdad incuestionable: Jesucristo murió por nuestros pecados, fue sepultado y resucitó al tercer día. Cuanto se pueda decir y pensar en torno a la fe en el Dios uno y trino tiene su luz en esta verdad fundamental de la resurrección de Jesucristo por el poder del Padre y la acción del Espíritu Santo.

En la fe, como adhesión a Dios que se manifiesta en Jesucristo, el ungido por el Espíritu Santo, la resurrección del Señor es garantía de credibilidad y, al mismo tiempo, una insistente llamada a la conducta y a la esperanza cristianas, a una conversión a Cristo con la responsabilidad de vivir su misma vida, según la expresión paulina: Ya no vivo yo, es Cristo quien vive en mí. El que se entregó por mis pecados y resucitó de entre los muertos.

Al tercer día fueron a ver el sepulcro donde habían puesto a Jesús. Estaba vacío. Allí quedaban, sin embargo, la sábana y el sudario. Señales de que el cuerpo había estado en aquel lugar. El sepulcro vacío es un dato histórico, evidenciable por los testigos que lo comprobaron. Pero la certeza mayor es la presencia del Resucitado entre los suyos. Con Él estuvieron, comieron con Él, les ofreció comprobar su realidad física tocando las llagas de su cuerpo. Pero lo más importante es que la resurrección de Cristo cambió completamente sus vidas, su comportamiento, su esperanza, su entusiasmo, su afán misionero. Todo se apoyaba y se vivía en la fe del Señor resucitado.

Sin la muerte en la cruz y la resurrección, Cristo no sería más que un personaje idealizado, más producto de la fantasía y de los deseos que de la realidad histórica y de la aceptación en la fe. Además, en la resurrección de Cristo no hubo un simple retorno a su forma de vida anterior, sino que siguió su misterio para sentarse en cuanto hombre a la derecha del Padre. Cristo fue exaltado junto a Dios y envío del Espíritu Santo prometido.

Creer en Cristo resucitado es aceptar que con Él también todos resucitarán. Su vida es paradigma e itinerario que se repite en cada cristiano. La cruz, la muerte y resurrección son realidades incuestionables en la vida del creyente. Sin la resurrección de Cristo se desmorona todo el edificio de la fe. Nada tendría consistencia, ninguna palabra credibilidad. Cristo sería un hombre más, no el Salvador y el Señor, vencedor del pecado y de la muerte.

Algunas personas vieron el sepulcro. Otras presenciaron las apariciones de Cristo. Todos fueron testigos convincentes del resucitado. El testimonio personal y comunitario, la conversión del corazón, el cambio de mentalidad, el sentirse personas completamente nuevas, la entrega de la misma vida por defender la verdad en la que creían es una gran prueba de la presencia viva de Cristo. No se trataba de un pequeño grupo de iluminados. Sino de muchos testigos que habían visto y habían creído.

Si Cristo no hubiera resucitado, nada de lo que hace la Iglesia tendría sentido: invocaría a quien no puede oír, celebraría una memoria sin sentido, el anuncio carecería de esperanza y el testimonio no proclamaría que Cristo vive. Pero la Iglesia hace memoria no de unos sucesos y de unas personas pasados, sino que actualiza, hace presente y vive la acción de Cristo, actual, viviente. Invoca a Cristo y clama por su intercesión y su presencia en la historia y en la conducta de los hombres. Anuncia el gran misterio de Cristo Salvador y Señor, y ella misma, la Iglesia, se hace testigo de la verdad fundamental: Cristo vive, nosotros proclamamos esta verdad en la que creemos.

El que ha muerto con Cristo también resucitará con Él. La resurrección de Cristo es aval de esperanza. Todos resucitarán. Y la vida no tendrá fin. Cada uno recibirá de lo que haya sembrado.

¿Importa mucho que Cristo haya resucitado? La verdadera e importante pregunta es otra: ¿Podríamos vivir en la fe de la Iglesia sin aceptar la resurrección de Jesucristo de entre los muertos? Indiscutiblemente que no. Porque esto es lo que ha recibido, guarda y predica la Iglesia como verdad fundamental e incuestionable: que Cristo murió por nuestros pecados, fue depositado en el sepulcro y resucitó al tercer día.

12. Según los principios del evangelio cada cristiano debería ser un apóstol. ¿Son todos los cristianos apóstoles, cuando parece que cada vez el mundo es menos cristiano?

Comencemos por el final. El mundo no es cada vez menos cristiano. Los números hablan de un aumento en la población mundial de los que se declaran cristianos. Otra cosa distinta es la corriente secularizadora y el indiferentismo de buena parte de la sociedad occidental.

El cristiano, en razón de su bautismo, no es un simple número más en la lista de los que componen la Iglesia católica, sino que estar bautizado implica un comportamiento leal y consecuente con la fe que se ha recibido y del evangelio que ha profesado como forma de vida. Por tanto, el dar testimonio claro y convincente de la propia fe es un deber que arranca de la misma pertenencia a la comunidad de los seguidores de Jesucristo. También es un derecho, pues quien está convencido de la verdad ha de tener la libertad necesaria para poder vivir en conformidad con ella.

Cada día es mayor el número de cristianos que son positivamente conscientes de la obligación de guardar y de transmitir a los demás el mensaje de salvación que han recibido. Pero también es cierto que se echa de menos la unidad de la misión. Es decir, que son muchos los que están trabajando en ese campo de la viña del Señor, pero individualmente o en multitud de pequeños grupos. Se echa de menos una acción más global, más organizada, más unida.

Debe pasar definitivamente el tiempo para esa mentalidad privaticista, que considera todo lo referente a la fe y al comportamiento cristiano como algo totalmente individual y que debe quedar en la intimidad de cada uno. Mucho peor todavía sería el querer, a toda costa, vivir la fe en el anonimato, sin práctica ni testimonio, por miedo a recibir el rechazo, la burla o la marginación social que puede acarrear el ser cristiano y vivir como tal.

Existe un serio y positivo interés por cuanto se refiere a la evangelización. Es decir, por hacer presente la doctrina y la vida de Cristo en medio de los más distintos ambientes de este mundo. La Iglesia tiene el cometido de predicar el evangelio de Jesucristo. Esto es evangelizar. Pero resulta completamente impensable suponer que se puede hablar explícitamente de Jesucristo, el hijo de

Dios, y no ofrecer una conducta, un testimonio coherente con aquello que se está proclamando con las palabras.

Por otra parte, el evangelio de Jesucristo, doctrina y comportamiento, no va a dejar indiferente a la persona. Esa doctrina y ese ejemplo de Jesucristo provocan una transformación de mentalidad y de vida. Y no sólo en los individuos sino también en la sociedad. Buena prueba de ello es todo el cambio que se fue realizando en la historia con la llegada del cristianismo.

La evangelización lleva consigo el anuncio explícito del evangelio, pero también comporta una denuncia de todo aquello que no está conforme con el mensaje de Dios manifestado en Jesucristo. Todo cuanto sea connivencia con el mal, con la injusticia, que vaya contra la dignidad de la persona, que suponga la humillación y el desprecio de los débiles, está fuera del Reino de Dios y así debe ser denunciado.

No cabe duda de que el testimonio, personal y colectivo, es la gran fuerza para que el apostolado, el compromiso de anunciar y vivir el evangelio, sea creíble y arrastre a los demás a seguir a Jesucristo. Ahora bien, no basta el testimonio. Tiene que haber una referencia explícita a Jesucristo. El apóstol es el enviado, no para hablar de sí mismo sino de Jesucristo y del evangelio. Consecuencia de todo ello será un interés permanente por difundir la fe. No sólo como una obligación de creyente sino como un acto de bien en favor del prójimo. El que ha conocido la verdad vive feliz en ella, ha encontrado la perla preciosa de la salvación y no puede menos que compartirla con los demás. El apostolado es un acto ineludible de caridad fraterna.

Como es obvio, la mayor parte de la comunidad cristiana está formada por laicos, por personas seglares. A todos, sin excepción, incumbe la obligación de anunciar a Jesucristo, de evangelizar, de ser apóstoles del Reino. Y de hacerlo en la sociedad concreta en la que se vive, muchas veces ajena a cualquier referencia a Dios, a lo trascendente, a lo moral, a lo cristiano. Hay amplios sectores sumidos en el letargo de la indiferencia. Pero se debe reconocer que subsisten unos valores que acompañan a las personas y desde los que se puede tender un puente hacia lo religioso.

Es a los seglares, a los laicos, a los que corresponde llegar a esa sociedad, apoyarse en esos valores humanos y anunciar explícitamente a Jesucristo. Los puntos de apoyo están en la cultura, en la vida social, en la familia, en el trabajo, en la educación, en la economía, en los medios de comunicación, en todas las actividades humanas.

Cuando se habla de que el mundo es cada día menos cristiano no se piensa en el número de los que componen la lista de los bautizados en la Iglesia, sino en el reconocimiento práctico de Jesucristo en obras y en palabras. Por otro lado, se sospecha que la Iglesia, clérigos y seglares, jerarquía y militantes, no hacen resonar la voz de Cristo. No se oye el mensaje, la palabra de la Iglesia ante los grandes problemas de la humanidad. Esta opinión no es muy exacta. La voz y el mensaje de Juan Pablo II y de la Iglesia se difunde constantemente. Otra cosa distinta es que se le preste atención. Aquí es donde puede estar la misión del cristiano: ayudar a que se oiga ese mensaje. Esto es hacer catequesis.

Con frecuencia, los cristianos seglares evitan el testimonio. Unas veces por prejuicios sociales; otras, por avergonzamiento de aparecer como miembros de la Iglesia de Jesucristo; los más, por miedo a tener que asumir los compromisos que acarrea necesariamente una conducta explícitamente cristiana.

Ningún cristiano puede eludir su responsabilidad de ser apóstol. Ahora bien, es imposible que uno sea buen apóstol si antes no acepta el ser evangelizado, dejarse llenar del amor de Cristo, celebrar la fe en la comunidad cristiana, vivir y practicar la caridad fraterna, recibir la formación adecuada y aceptar de la Iglesia la misión, el encargo de evangelizar.

Aunque cada uno, individualmente, deba ser un misionero, sin embargo es necesario el apostolado asociado, no sólo para ganar en eficacia sino para garantizar mejor la condición de eclesial, es decir, que no se actúa de forma individualista sino en nombre y con el apoyo de la comunidad cristiana, que es donde se recibe la formación necesaria, el imprescindible acompañamiento y, sobre todo, la garantía del envío en nombre de Jesucristo.

13. ¿Qué importancia tiene el evangelio en la vida de un cristiano?

El evangelio es la enseñanza de Jesucristo y la doctrina de la salvación, la buena noticia para los hombres. No es un simple texto escrito en el que se recoge la predicación de Jesús. Los evangelios no pueden reducirse a unos documentos históricos, pues son palabra inspirada y contienen la revelación de Dios en el Verbo encarnado. También ofrecen unos hechos objetivos para conocer la historia de Jesucristo, aunque haya muchos datos de su vida que no se recojan en los evangelios. Poco sabemos de su infancia, nada de su juventud.

Los evangelios recogen la predicación de Jesús, su palabra, los hechos que realizaba, el anuncio de la llegada del Reino de Dios. Expresan la fe en la que vivían las primeras comunidades cristianas y que los evangelistas, de manera inspirada, escribieron. Los evangelios no son, por tanto, un simple libro doctrinal que ofrece unas ideas sobre Dios, el hombre y el mundo, sino el auténtico anuncio del Reino de Dios manifestado en Jesucristo.

La historicidad de que están revestidos no puede llevar a ver los evangelios nada más que como una venerable documentación y reliquia del pasado. El evangelio hay que sentirlo vivo y actual, situarlo en el presente más inmediato. No fueron palabras y hechos que se dijeron y realizaron ayer. Es mensaje intemporal y buena noticia que anuncia la salvación.

Los evangelios no son tanto para leer cuanto para vivir. No son un libro de referencia técnica para entender, sino de revelación divina y de ejemplaridad. Al leerlos, igual que pasaba con los discípulos de Emaús en el encuentro con el Resucitado, debe arder el corazón. Es decir, no dejan indiferente al que a ellos se acerca, sino que interpelan la fe y son una insistente llamada a la conversión.

La Iglesia, la comunidad cristiana, es quien ha conservado y quien ha transmitido el evangelio, guardando siempre fidelidad a la memoria de Jesús. Lo que hemos visto y oído es lo que os anunciamos. Al ser una predicación viva y dirigida a hombres y mujeres concretos, es evidente que el ropaje lingüístico y cultural fuera el adecuado a las personas a las que debía llegar. Lenguaje y contexto geográfico, social, cultural pueden ser distintos, el mensaje y el valor histórico permanecen inalterables. El contenido es palabra de salvación para todos los hombres, de todas las épocas y en todos los contextos culturales. La historia viene avalada por los documentos, por los resultados de la investigación efectuada.

¿Cómo hay que escuchar y sentir el evangelio? Como aquellos primeros cristianos que al leer los escritos sagrados se llenaban de esperanza y aumentaba su gozo al conocer los caminos que Dios les ofrecía para su salvación. Los oídos, para escuchar a Dios, necesitan valerse de la humildad, que es virtud muy generosa y sabe que sólo ofreciendo una actitud confiada se puede llegar a conocer la verdad. El evangelio no es un libro más. Es presencia viva e intencional de Cristo que alimenta, enciende y vivifica la fe.

14. ¿Sigue siendo necesario el sacrificio para ser cristiano?

Y para vivir como persona. El sacrificio, la superación personal, la fortaleza ante la adversidad, la violencia interior para permanecer fiel, la lucha por defender la justicia, el esfuerzo por ser consecuente y leal a las propias convicciones... Todos ellos son valores humanos muy grandes y que exigen no poco sacrificio para conseguirlos y mantenerse en ellos con fidelidad.

Ese valor humano del sacrificio personal toma, en el cristiano, una razón especial por la unión con la cruz de Cristo: con Él estoy crucificado, y no vivo yo, sino que es Cristo quien vive en mí (Gál. 2, 20). Ese vivir identificado con Cristo da una dimensión completamente nueva a las acciones del cristiano. El sacrificio, la cruz, la superación personal, la violencia interior, el riesgo y el trabajo molesto, el ayuno y la mortificación pueden tener un valor humano, pero el objetivo cristiano hace siempre referencia al misterio pascual. Es decir, a las acciones de Jesús, que acepta la cruz y la muerte para saldar el pecado de los hombres. La resurrección supone la cruz y la muerte.

No debe separar el cristiano la cruz del amor a su Señor. A quien se abraza no es al madero, sino a Cristo, que fue crucificado en esa cruz. Los sentimientos no serán de presunción para hacerse fuerte o insensible ante el dolor y sufrimiento, sino para que sean los de Cristo, que se humilló a sí mismo, obedeciendo hasta la muerte y muerte de cruz (Flp. 2, 8).

Se abre así un camino para acoger a Cristo en todas las dimensiones de la vida, iluminándolo todo desde su palabra y desde sus acciones. Tomando las bienaventuranzas como norma de vida y la cruz como señal de que se va a la par de Cristo: el que quiera venir conmigo, que tome su cruz y me siga.

Ahora bien, llevar la cruz en los hombros y no tenerla en el corazón es engaño. Pues el sacrificio conduce a la conversión del corazón, a mirar a Dios y cambiar el paso en el camino torcido del pecado. Ascesis y mortificación no endurecen, sino que ablandan y dejan que llegue el amor de Dios y se haga fecundo en obras de bien. Porque ésta es otra de las razones del sacrificio. No es una ascesis fría para acartonarse y hacerse estoicamente insensible ante el sufrimiento, sino para salir de uno mismo y ponerse al servicio del amor fraterno. Pensar en querer sin tener que sufrir es ingenuidad y desconocimiento del mandamiento nuevo: amaos unos a otros como yo os he amado. Y Cristo sufrió pasión y muerte de cruz.

Algunos viven como enemigos de la cruz de Cristo, se queja san Pablo, no piensan más que en las cosas de la tierra y se olvidan de Dios. La cruz ayuda a la memoria de Cristo. El que quiera seguirlo tendrá que cargar todos los días con ella. Pero, atención: el yugo es llevadero y la carga ligera si se pone en ellos la mansedumbre y la humildad de corazón.

15. ¿Por qué existe el mal? ¿Por qué permite un Dios bueno el sufrimiento también de los niños y de los inocentes?

¡Son las eternas preguntas! Cuestiones que inquietan y confunden al hombre. Unos tratan de razonar y vislumbrar soluciones. Otros prefieren matar al supuesto culpable. Dios no existe, aseveran. La presencia del mal es la prueba más irrefutable.

Este asunto del mal y del consentimiento de Dios hay que afrontarlo con lealtad y coherencia, con sencillez humilde y mirando a Dios. Lo leal y coherente se refiere a esa disposición y actitud del ser consecuente y de seguir los mismos principios de iluminación del pensamiento. Si admitimos que el hombre es libre y que actúa según su arbitrio, tendremos que aplicar este convencimiento en todas las ocasiones.

Sencillez y humildad, no para el acatamiento credulón sino para el trabajo de búsqueda sincera de la verdad, admitiendo que siempre quedan horizontes por explorar, que puede haber una luz a la que todavía no hemos tenido acceso, que la capacidad del hombre es limitada y que se pueden encontrar problemas que para él, con su capacidad actual de entendimiento, son irresolubles.

Ahora entra Dios. Su existencia y su revelación. Negar a Dios es, cuando menos, cerrar definitivamente una posible fuente de conocimiento. Por otra parte, un discurso sobre la fe, como el que está implícito en las preguntas de las cuestiones que nos ocupan, no podemos tratar de resolverlo negando esa misma fe y limitándonos al conocimiento racional. ¡Lo que yo no comprendo no existe! Si se habla de Dios, hay que aceptar a un Dios vivo, que se ha manifestado, que ha creado las cosas con sabiduría y amor, que ha dado al hombre la capacidad de ser libre y de amar el bien.

El tema es arduo y escandaloso. Se han buscado explicaciones desde todas las creencias y puntos de vista, pero el hombre continúa desconcertado ante unas situaciones que hieren su capacidad de comprender. Dolor, injusticias, hambrunas, catástrofes... Incomprensible victoria del sufrimiento y de la angustia. El bien, la paz, la alegría, el bienestar han sido derrotados. Y parece que el mal campa por sus respetos en un mundo que ha sido creado por un Dios bueno y sabio. Éste es el gran quebradero de cabeza para el hombre. ¿Cómo un Dios bueno consiente todo esto?

De la presencia del mal se toma ocasión para rechazar la posibilidad de que Dios exista. Hay una idea muy clara: Dios y el mal son incompatibles. Como no puede pensarse en un Dios que sea incapaz de impedir la acción del mal se prefiere negar a Dios antes que reducir el concepto de Dios a la impotencia. Es conocido el texto de Epicuro: Dios puede o no puede quitar el mal; o puede y no quiere; o no quiere y no puede; o quiere y puede. Si quiere y no puede, es débil; si puede y no quiere, es malévolo; si no quiere y no puede, es malévolo y débil; si quiere y puede, como se dice de Él, ¿por qué existe el mal y Dios no lo elimina?

Aun admitiendo que no hay una respuesta simple a un asunto tan complejo, sin embargo, lo que no podemos es ir saltando de una forma a otra de conocimiento, según el antojo de cada uno. Si el Dios que admitimos y que veneramos es el que se nos ha manifestado en la Biblia y, sobre todo, en Jesucristo, cualquier explicación sobre Dios y su providencia también tendremos que buscarla en la misma fuente. Hay que ser consecuentes, y tener en cuenta la máxima antigua: «Tan hereje es el que predica solamente medio evangelio, como el que predica solamente la otra mitad.»

Dios es el Señor de todo lo creado, de la historia, de la vida y de los acontecimientos de los hombres. El hombre puede serlo de sus actos, pero nada más. El juicio sobre Dios rebasa su conocimiento. A lo más podría decir el hombre: Según lo que yo puedo conocer... Que es relativamente poco. Hasta que el hombre haya dominado todas las esferas y niveles del conocimiento y del saber siempre le acompañarán una serie de interrogantes. Por tanto no hay una respuesta fácil, desde el punto de vista de la racionalidad, a la pregunta sobre la presencia del mal. El camino de conocimiento que vamos a seguir no es otro que el de la luz que nos da la Biblia y la reflexión teológica.

Se piden responsabilidades. ¿Dónde está el origen del mal de este mundo? ¿Quién es el culpable? El mundo y las cosas, la creación entera, salió de las manos de Dios con la limpieza de la perfección. El Creador hizo el universo, el hombre, los ángeles. Algunos de estos últimos, espíritus inteligentes y libres, se levantaron contra Dios y contra lo que Dios es. De la bondad se pasó a la malicia. De la justicia al pecado.

Este relato no es una fábula. La existencia del mal y del pecado es evidente. También la posibilidad de que Dios Todopoderoso pueda crear espíritus inteligentes y libres que emprendan caminos contrarios a la voluntad de Dios. El mal, ni directa ni indirectamente proviene de Dios, sino del pecado. Dios *permite* la libertad de lo creado, y la naturaleza, los ángeles, los hombres actúan con su propia y distinta libertad. No está el mal en el querer ni en la permisión de Dios, sino en la conducta torcida de aquellos que habían sido creados, siempre como seres libres, únicamente para hacer el bien.

Se puede aceptar que todo esto ocurriera en unos momentos primeros de la creación y que sufrieran las consecuencias los culpables inmediatos. Aquí tendríamos que hablar tanto de la complicidad personal de cada uno con el pecado como de una responsabilidad participativa en la culpa. Si la bondad de la creación nos corresponde sin mérito propio, también las consecuencias del pecado de quienes nos han precedido.

Un texto del *Catecismo de la Iglesia católica:* «Dios es infinitamente bueno y todas sus obras son buenas. Sin embargo, nadie escapa a la experiencia del sufrimiento, de los males en la naturaleza —que aparecen como ligados a los límites propios de las criaturas—, y sobre todo a la cuestión del mal moral. ¿De dónde viene el mal? "Buscaba el origen del mal y no encontraba solución", dice san Agustín, y su propia búsqueda dolorosa sólo encontrará salida en su conversión al Dios vivo. Porque "el misterio de la iniquidad" sólo se esclarece a la luz del "Misterio de la piedad". La revelación del amor divino en Cristo ha manifestado a la vez la extensión del mal y la sobreabundancia de la gracia. Debemos, por tanto, examinar la cuestión del origen del mal fijando la mirada de nuestra fe en el que es su único Vencedor» (*Catecismo*, 385).

En el momento de buscar la luz sobre tema tan arduo y complejo como es el del mal y el pecado hay que tener en cuenta la recomendación del mismo san Agustín: «No coloquemos bajo el celemín de nuestros pensamientos racionales la lámpara encendida de la Palabra.» Buscamos la racionalidad de las cosas y, por eso mismo, entramos en el mundo del conocimiento de la fe. Negar esta posibilidad de acercarse al pensamiento de Dios es, cuando menos, frustrar la esperanza de encontrar la luz y la solución que buscamos al problema del mal.

En la reciente encíclica del papa sobre las relaciones entre fe y razón (*Fides et ratio*), Juan Pablo II escribe: «Incluso el problema del mal moral –la forma más trágica del mal– es afrontado en la Biblia, la cual nos enseña que éste no se puede reducir a una cierta deficiencia debida a la materia, sino que es una herida causada por una manifestación desordenada de la libertad humana. En fin, la palabra de Dios plantea el problema del sentido de la existencia y ofrece su respuesta orientando al hombre hacia Jesucristo, el Verbo de Dios, que realiza en plenitud la existencia humana» (*FR*, 80).

En las reflexiones que se van haciendo, con el intento de hallar alguna razón que explique la presencia del mal en el mundo, siempre queda alguna duda, algún vacío imposible de llenar. Todo esto que pudiera llevar a negar la Providencia, al abandono de la fe o a la simple indiferencia, no deja de ser una llamada a la honestidad del razonamiento y pensar que pueden existir unos caminos de solución más allá de aquellos en los que está empeñado un racionalismo positivista: ¡Lo que yo no veo no existe! Por otra parte no hay que empeñarse mucho en resolver este enigma. No tiene solución. El mal no cabe en la cabeza del hombre, el sufrimiento enerva, la injusticia subleva. Por el contrario, el hombre se siente muy a gusto con el bien y la bondad, con la paz y la justicia. Todo ello quiere decir que lo propio del hombre es el bien. El mal es algo que se ha cruzado en el camino. Un obstáculo que habrá que sortear para no perder el rumbo. Solamente con el convencimiento de esa posibilidad de hacer y de alcanzar el bien se puede vencer el mal. Las acciones rectas y bondadosas son como un reflejo, un signo y cuasi sacramento de la bondad de Dios.

¿Por qué te quedas lejos? ¿Por qué escondes tu rostro ante el mal y el sufrimiento? El hombre agobiado hace estas preguntas. Y Dios parece que calla como si se le hubiera sorprendido en un lamentable equívoco de la creación. Pero seguro que Dios tiene la respuesta. «El conjunto de la fe cristiana constituye la respuesta a esta pregunta: la bondad de la creación, el drama del pecado, el amor paciente de Dios que sale al encuentro del hombre con sus Alianzas, con la Encarnación redentora de su Hijo, con el don del Espíritu, con la congregación de la Iglesia, con la fuerza de los sacramentos, con la llamada a una vida bienaventurada que las criaturas son invitadas a aceptar libremente, pero a la cual, también libremente, por un misterio terrible, pueden negarse o rechazar. No hay un rasgo del mensaje cristiano que no sea en parte una respuesta a la cuestión del mal» (*Catecismo*, 309).

Dios se va a meter, como levadura nueva, en la misma naturaleza humana, allí donde anidaba el mal y el pecado. Es la encarnación del Verbo. Dios se hace hombre. Y el hombre, renacido en Cristo, tiene la esperanza de poder vencer el pecado y la muerte.

Lo vuestro es el bien. Nunca os canséis de buscarlo. Que todo coopera al bien de los que aman a Dios (Rom. 8, 28).

16. ¿Sirve para algo la oración?

No se conoce forma religiosa alguna en la que la oración, la relación con Dios, no ocupe un lugar de preferencia. Oración en las formas y contenidos más diversos, pero siempre viviendo y expresando la vinculación con Dios. Adoración, sacrificio, homenaje, alabanza, ofrenda, peticiones, reconocimiento, súplica de perdón... Los modos y formas pueden ser muy variados. El contenido esencial es siempre el de la relación, el diálogo, el encuentro con Dios.

Dios, conocido y venerado como Trinidad Santísima. Se ora al Padre, por Jesucristo y en el Espíritu. En diálogo, lleno de confianza en el amor providente de Dios Padre. En esa insustituible relación personal se expresan amores y sentimientos, palabras y silencios, gestos corporales y vivencias íntimas imperceptibles. Es un diálogo entre personas y, por ello, las expresiones, por parte del hombre, alcanzan todas las dimensiones de la personalidad.

Se habla con Dios escuchando a Dios. No es un juego de introspección, de intimismo egocéntrico, que en uno comienza y en uno termina. Más bien, el orante busca, ayudado por el Espíritu, la Palabra viva de Dios que es Jesucristo, y contempla, en el rostro del Padre, la luz que necesita para afianzarse en la fe, fortalecer la esperanza y vivir en un amor sin medida.

Los maestros de la vida espiritual hablan de conversación, de elevación del alma, de coloquio personal con Dios. Siempre hay un percatarse, un darse cuenta, un tomar conciencia de la presencia de Dios. De ese íntimo convencimiento surge inmediatamente la adoración, que es reconocimiento de la grandeza y majestad de Dios; la alabanza a su infinita bondad y riqueza de misericordia; el ofrecimiento incondicional a realizar la voluntad de tan altísimo Señor; la súplica de perdón y reconocimiento de la pequeñez del hombre que ora; la acción de gracias por tantas bendiciones y favores recibidos; la petición humilde de la ayuda de la gracia, del favor de Dios para tantas necesidades de quienes viven en este mundo...

Queda bien claro que el hombre de fe no puede vivir sin la oración, sin relacionarse con Dios. En esta falta de oración tiene su origen tanta anemia espiritual, tanta indiferencia religiosa, tanta ambigüedad en los comportamientos. Por el contrario, la oración hace que el hombre se encuentre con Dios, que conozca su origen y destino, que se sienta querido y amparado providencialmente por Él. Que reconozca con humildad la sabiduría de Dios, que confíe en Él, que persevere en la oración, en la súplica.

La oración es siempre personal y siempre comunitaria. Es decir, que es una persona la que reza, la que ora, pero no prescinde de los demás, sino que lo hace en unión con toda la Iglesia. Otra cosa distinta es que las acciones, los modos de oración puedan hacerse en forma individual o colectiva, aunque cuando es la Iglesia la que ora siempre lo hace como la comunidad universal de cuantos han sido redimidos con la sangre de Cristo.

El acto y momento más importante de la oración de la Iglesia es la celebración de la Eucaristía. Se ora con Cristo, con Él se ofrece la Iglesia. Con la acción y la fuerza del Espíritu el pan se convertirá en el Cuerpo de Cristo y los hombres, tan diversos, en un solo pueblo. Y todo se hará en alabanza de Dios Padre y en súplica por los vivos y por los difuntos.

En la actualidad hay en la Iglesia un notable movimiento en favor de la oración. Son cada día más numerosos los grupos de oración. Las personas que buscan el silencio, las comunidades que se acercan a la contemplación. No es que la oración sirva para algo, es que resulta completamente imprescindible en la vida de fe, en la vida cristiana.

La oración, escribe san Juan Clímaco, es unión con Dios y conversación con Él. Mantiene el equilibrio del mundo, reconcilia con Dios, provoca lágrimas santas, es un puente por encima de las tentaciones y un muro entre nosotros y la aflicción. La oración es señal de esperanza y victoria sobre la tristeza. La oración es un espejo en el que vemos nuestros progresos y signo en el camino que hay que recorrer para alcanzar los bienes futuros.

17. ¿Qué papel tiene la Virgen María en la Iglesia y en la sociedad actual? ¿Qué pensar de las apariciones de la Virgen?

La Virgen María tiene un puesto de singular relevancia en el pueblo de Dios que es la Iglesia. Contemplamos su vida y su ejemplo, procuramos la imitación de sus virtudes, pedimos su maternal intercesión. La verdadera devoción siempre en Dios empieza y a Dios siempre conduce. En María Santísima contemplamos y recordamos todas las maravillas que Dios ha hecho en ella. A ella acudimos llenos de confianza y amor filial, pues el Señor nos la ha dado como madre. El ejemplo de su vida nos lleva a la imitación de las virtudes que ella en grado sumo practicara. Y todo, contemplación, amor filial y práctica de las virtudes, nos lleva a Cristo. Es imitación y el seguimiento de Cristo lo que procuramos.

No es nuestra devoción, vana credulidad, ni sentimentalismo, ni palabras fáciles, ni literatura hermosa en torno a María. Es la fe en el misterio de la maternidad divina de María, «por la que somos conducidos a reconocer la excelencia de la madre de Dios y somos excitados a un amor filial hacia nuestra madre y la imitación de sus virtudes» (Vaticano II, *Lumen gentium* (*LG*), 67).

Para la imitación de sus virtudes hay que seguir la misma actitud de María ante el misterio de Dios que se manifiesta en su hijo Jesucristo. Como dice Pablo VI, ella es la virgen oyente, la virgen orante, la virgen oferente, la virgen madre. Acoge con fe la palabra de Dios, glorifica a Dios y suplica a su hijo Jesucristo que atienda las necesidades de los hombres, como en las bodas de Caná. Ella, con los apóstoles, unida en la oración, espera la llegada del Espíritu Santo. Ella es la virgen oferente que lleva a su hijo al templo y con Él se ofrece. Ella se unió a la pasión y cruz de su hijo.

En el acercamiento a la Santísima Virgen María pueden también aparecer una actitud y unas prácticas que no siempre corresponden a lo que debe ser la verdadera devoción a la Madre de Dios. María, por ejemplo, no puede ser un lugar de evasión, olvidando las responsabilidades que tenemos con Dios, con la práctica de los mandamientos, con la vida según el evangelio, con los compromisos familiares y sociales que cada uno ha adquirido. María no es un mero símbolo, ni mucho menos un mito, como si fuera un relato extraño de una realidad fuera de este mundo. María es una persona, una mujer verdadera, que tuvo que recorrer nuestra misma peregrinación por este valle de lágrimas y de esperanzas.

Falsa devoción sería la que se acercara a María con vana credulidad, amparada en sentimentalismos y milagreríos, en meras prácticas exteriores sin profundo contenido de fe, olvidando los compromisos morales que supone la vida cristiana. No sería una devoción sincera y auténtica la que separara el culto a la Virgen de la unión con la Iglesia, con la celebración de los sacramentos, con la verdadera conversión del corazón a Dios.

La fe de María correspondía a una disposición activa. Es decir, permanente, de escucha continuada a lo que Dios quería de ella. Una fe arriesgada en lo humano, pues no tenía más apoyo que la palabra de Dios. Por eso María es ejemplo y modelo de nuestra esperanza cristiana. Vivir en el presente con la confianza de que Dios camina a nuestro lado, pero con la disposición permanente para asumir las responsabilidades que dimanan de la fe y del seguimiento evangélico de Jesucristo.

La verdadera devoción a María Santísima es como luz que se pone en la vida del creyente para ayudarle a ver a Dios, a seguir con fidelidad los dictámenes del evangelio, a tener las mismas actitudes de aquellos a los que se conoce como bienaventurados: los pobres, los sencillos, los misericordiosos, los que trabajan por la paz, por la justicia, por la verdadera fraternidad de cuantos tienen a Dios como Padre.

Tan lejos hay que estar de una falsa devoción a la Santísima Virgen María como del prejuicio racionalista y descreído que niega cualquier referencia a la vida de fe. La Virgen María nos acompaña en la peregrinación por este mundo y cabe la posibilidad de que se comunique de una manera particular con algunas personas. La Iglesia ha reconocido algunas de estas manifestaciones, de estas apariciones de la Virgen María. En otros casos, lo único que se aprueba es el culto popular a una advocación de María en un determinado lugar, pero sin el reconocimiento explícito de la aparición.

Las apariciones de la Virgen María van siempre acompañadas de un mensaje. Un criterio para la credibilidad es la consonancia del contenido de ese mensaje con el evangelio, la tradición y el magisterio de la Iglesia.

La Iglesia es sumamente cauta en la valoración de apariciones, pues aparte de los engaños y fraudes que frecuentemente se producen, el entusiasmo popular conduce a la emoción y la fácil aceptación de apariciones. Siempre es necesario un serio discernimiento por parte de la Iglesia.

18. ¿Existen los ángeles, o son simplemente el perdurar de una tradición oriental? ¿Cuál es la función del ángel de la guarda?

Es frecuente que en las celebraciones litúrgicas se pida la ayuda de los ángeles. En la Biblia, tanto en el Antiguo como en el Nuevo Testamento, aparecen los ángeles que acompañan a los hombres, traen mensajes de lo divino, sirven y confortan a Jesús, ayudan a los discípulos a cumplir su misión.

En todo momento, los ángeles están relacionados con acciones de Dios, son como la mano y la voz de Dios, mensajeros y guías para que el hombre escuche y actúe conforme a los designios de Dios. Son, pues, servidores de los planes divinos, del anuncio y de la llegada del Reino de Dios, de la salvación que vendrá con el Mesías prometido.

Los ángeles han sido creados por Dios. Inteligentes, libres, criaturas espirituales, incorpóreos, personales. Superiores a los hombres, pero ni son dioses ni actúan como tales, sino que han sido creados para servir a Dios. La existencia de los ángeles es una verdad de fe. Por otra parte, si Dios ha creado al hombre, ¿por qué no puede crear también a los ángeles y dotarlos de unas cualidades peculiares? Nada hay de irracional en aceptar la existencia de los ángeles.

En la tradición de la Iglesia aparece la figura del *ángel de la guarda,* que acompaña a cada persona durante toda la vida. Un ángel que cuida, protege, custodia, sugiere el camino del bien. Es una devoción mantenida y recomendada por la Iglesia.

19. La Navidad cada vez se ha vuelto una fiesta menos religiosa. ¿En qué radica lo cristiano de la Navidad?

En no pocos ambientes se palpa una especie de extraño rubor en hacer referencia a lo religioso y se buscan «alternativas culturales» para soslayar el nombre de Dios. Para el cristiano, y para tantos hombres de buena voluntad, el misterio de Cristo llena por completo la historia y la vida. Ayer, en el tiempo y en un lugar, se realizaba el misterio de la Encarnación y de la Redención. Hoy, Cristo permanece y de su gracia vivimos. Mañana, en la esperanza, confiamos alcanzar la bienaventuranza prometida. Cristo ayer, mañana, hoy y siempre. Todo gira en torno a Cristo. Nada tendría sentido si no estuviera empapado y revestido de la fe en el Hijo de Dios.

Consumismo y secularización roban el alma de las cosas. Le quitan razón de ser y sentido religioso. Cambian la persona por el ropaje, la fiesta por el adorno, la fe por la cultura, el misterio por la apariencia. Pues en los pagos del secularismo no cabe la referencia a Dios, a lo trascendente, a lo religioso. La fe es asunto privado. Que equivale como a decir que casi nada.

La Navidad, y las celebraciones populares en general, deben soportar ese incontenible alud consumista, bien orquestado por la publicidad, al que poco o nada interesa el contenido religioso. La Navidad se ha convertido en «las fiestas». Hay que saber distinguir entre lo que se celebra como fiesta y lo que significa el compromiso personal y social con la fe.

El pueblo que caminaba en tinieblas vio una luz grande; habitaban tierras de sombras y una luz les brilló (Is. 9,1). Hoy nos ha nacido el Mesías, el Señor. El misterio de la Palabra hecha carne ha brillado ante nuestros ojos. Hemos conocido a Dios visiblemente y estamos llenos de gozo porque este misterio de Navidad nos llena de esperanza. «Cristo, el Señor, sin dejar la gloria del Padre, se hace presente entre nosotros de un modo nuevo: el que era invisible en su naturaleza se hace visible al adoptar la nuestra; el eterno, engendrado antes del tiempo, comparte nuestra vida temporal para asumir así todo lo creado, y restaurar de este modo el universo, para llamar de nuevo al reino de los cielos al hombre sumergido en el pecado» (*Prefacio de Navidad,* II). Éste es el sentido cristiano de la Navidad, tal como lo canta nuestra liturgia.

El gozo y la alegría que sentimos y cantamos no tiene otro motivo sino el nacimiento de Jesucristo. Si de luces se llenan las calles, si fiesta se hace en las casas, si desborda la alegría, no es otra la razón que nos mueve sino el recuerdo del nacimiento de nuestro Señor Jesucristo. No tenemos otro motivo. Y bien que nos basta el que tenemos. Paz y felicidad, sí, a los hombres, pero porque ha llegado Jesucristo.

En los días de Navidad parece como si de ropajes nuevos nos vistiéramos. Amables y bondadosos, perdonando y acogiendo, buscando a los que están lejos y deseando su compañía. Se comparte el pan y la fiesta. Afloran los mejores sentimientos de solidaridad, de unión fraterna. Pero, más que vestirnos con adornos de bondad por unos días, lo que hacemos es despojarnos de los ropajes que en verdad no nos corresponden. El odio, la violencia, la desunión, la venganza, la guerra, la indiferencia, la humillación de los demás, la soberbia, la envidia, el derrotismo y la desesperación..., no son nuestros propios vestidos. Por eso en Navidad no fingimos, sino que nos acercamos a lo que es nuestra verdadera, nuestra más propia y auténtica imagen. La farsa son esos innumerables días en los que olvidamos que el hombre solamente puede ser cabal y sincero cuando es justo y misericordioso, cuando ama a su hermano y le sirve, cuando trabaja por la paz y ayuda al desvalido, cuando perdona y reparte el pan de su mesa con el que menos tiene. Y es que el corazón del hombre está lleno de bien porque en el hondón de su existencia está viva la mano y huella de Dios.

20. ¿Por qué defiende la Iglesia el domingo como festivo en una sociedad pluralista? ¿Qué importancia tiene que una fiesta religiosa se celebre también como fiesta civil?

Con el domingo, los cristianos hacemos memoria de la creación y de la Resurrección de Cristo. Dios crea todas las cosas y el último día descansa. En la celebración del domingo hay un reconocimiento de gratitud a Dios creador de todas las cosas. También el día de fiesta es como una señal externa de la alianza entre Dios y su Pueblo. Nueva creación y nueva alianza son lo que se realiza con la Resurrección de Jesucristo. El domingo es el día del Señor. El día de la salvación. El día de la Pascua.

Es nuestra fiesta. No celebrarla supondría que la fe está poco viva, que se ha olvidado la gratitud debida a Dios. Que se han olvidado los grandes misterios de nuestra fe: el día de la Pascua y Resurrección del Señor. Participar en la misa del domingo es como el acto más elemental de la práctica cristiana. Hasta tal punto que muchos valoran su ser cristiano prácticamente en la medida que asisten a misa el domingo. Aunque la práctica cristiana no puede reducirse a la celebración dominical, no cabe duda de que es un indicativo muy claro de la fe que se vive.

Como se trata de un bien muy grande e imprescindible (alimentar la fe, recibir la gracia, celebrar la eucaristía, reunirse con los hermanos, practicar la caridad...), la Iglesia impone como obligación la asistencia a la eucaristía dominical, así como la recomendación de no realizar aquellos trabajos que impiden dar culto debido a Dios y disfrutar del descanso necesario. Las necesidades familiares o una gran utilidad social son una excusa legítima, pero no deben formar hábitos perjudiciales a la religión, a la vida de familia y a la salud. Si no se pudiera participar en la misa, siempre hay obligación de santificar el domingo con la oración y las obras de misericordia. Es la obligación de alimentar la fe y de unirse a la comunidad cristiana.

Los cristianos deben reclamar el derecho a celebrar el domingo, precisamente en virtud de la libertad religiosa y al respeto social que se debe a la fe de cada uno y al bien común de todos. No es nada ilegítimo el reclamar el domingo como fiesta legal, máxime cuando la mayoría de la población se confiesa y manifiesta como cristiana.

La observancia del domingo ayuda también a reconocer el valor de la práctica religiosa y de sobreponerse a las servidumbres del trabajo y del culto al dinero. El domingo tiene un gran valor religioso y también social y cultural. El descanso colectivo ayuda a la comunicación personal y al reconocimiento cultural de la fiesta. Para los cristianos, el domingo es el día del Señor, la memoria, siempre actualizada, de la creación y de la pascua.

Juan Pablo II nos dice, en un reciente documento, que «la relación entre el día del Señor y el día de descanso en la sociedad civil tiene una importancia y un significado que están más allá de la perspectiva propiamente cristiana. El descanso es una cosa "sagrada", siendo para el hombre la condición para liberarse de la serie, a veces excesivamente absorbente, de los compromisos terrenos y tomar conciencia de que todo es obra de Dios. Es una obligación en empeñarse en que todos puedan disfrutar de la libertad, del descanso. Por eso es natural que los cristianos procuren que, incluso en las circunstancias especiales de nuestro tiempo, la legislación civil tenga en cuenta su deber de santificar el domingo. El descanso dominical y festivo adquiere una dimensión "profética", afirmando no sólo la primacía absoluta de Dios, sino también la primacía y la dignidad de la persona en relación con las exigencias de la vida social y económica. En resumen, el día del Señor se convierte así también en el modo más propio, en el día del hombre» (Juan Pablo II, *Dies Domini,* 65-67).

21. ¿Qué actitud ha de tener un católico ante los ataques a la Iglesia?

Son muy sabios los consejos de san Pedro: «¿Quién os hará mal si os afanáis por el bien? Mas, aunque sufrierais a causa de la justicia, dichosos vosotros. No les tengáis ningún miedo ni os turbéis. Al contrario, dad culto al Señor, Cristo, en vuestros corazones, siempre dispuestos a dar respuesta a todo el que os pida razón de vuestra esperanza. Pero hacedlo con dulzura y respeto. Mantened una buena conciencia, para que aquello mismo que os echen en cara sirva de confusión a quienes critiquen vuestra buena conducta en Cristo. Pues más vale padecer por obrar el bien, si ésa es la voluntad de Dios, que por obrar el mal» (1 Pe. 3, 13-17).

También en la Escritura, hablando de los primeros cristianos, se dice que gozaban de la simpatía de todo el pueblo por la ejemplaridad y sencillez de su vida. El ofrecimiento sincero de la propia fe en una conducta leal y coherente con lo que se cree es, sin duda, la mejor actitud práctica que se puede ofrecer ante los ataques a la Iglesia. Muchas veces, esos denuestos provienen de la ignorancia y del prejuicio fomentado desde ciertos sectores.

No conviene hacer una apologética negativa demostrando que los defectos están en todas partes, que se tiene odio a la religión, que las acusaciones carecen de fundamento. Mucho menos tratar de racionalizar a toda costa las verdades de la fe, ofreciendo simplemente razonamientos filosóficos. Ciertamente que la fe tiene sus razones de credibilidad humana, pero la fuente y el origen es siempre la revelación. El razonamiento debe ser teológico, no simplemente racional.

Todo ello no quiere decir ni que se excluya el discurso intelectual sobre la fe ni que se olvide la razón ni que haya que soslayar la reflexión sobre aquello en lo que creemos. Esta reflexión crítica no es claudicación de la fe, sino buen camino para afianzarse más en la verdad en la que se cree.

Con frecuencia, la ignorancia y el prejuicio van más adelantados que la razón y el diálogo. Por eso es necesaria una actitud permanente de apertura religiosa y cultural. Con una gran lealtad al discurso del pensamiento. Un diálogo entre la fe y la cultura, entre las cosas de Dios y las del mundo, entre la luz de la fe y la iluminación del conocimiento intelectual.

Siempre imprescindible es el diálogo de la vida. La insustituible relación personal. El testimonio inmediato del creyente con humildad y mansedumbre. Y con fortaleza, para superar las dificultades y la agresividad del ambiente lleno de prejuicios antirreligiosos. No puede olvidarse el explícito testimonio cristiano, que lleva necesariamente a ser testigo de Cristo y a confesar y defender la fe.

Cuando Dios se mete en las honduras del hombre ya no se puede vivir sino gritando la vida que se lleva dentro. Y de hacerlo con obras y con palabras. Hechos y expresiones han de ser de Dios, pero realizados y dichos con los modos y el lenguaje que emplean los hombres. Pero que no sea una doctrina meramente humana, sino la que aparece en las fuentes de nuestra fe. Unos nos pedirán señales evidentes; otros, milagros. Nosotros anunciamos a Jesucristo, fuerza y sabiduría de Dios.

III. LOS CATÓLICOS FRENTE AL MÁS ALLÁ

22. ¿Qué sentido tiene la muerte para un cristiano?

El sentido de la vida. Ésta sería la mejor respuesta. La muerte no es más que un tránsito, una mutación, cruzar un espacio y seguir viviendo de una manera más perfecta, sin cambios ni alteraciones posibles.

Ante la muerte, el temor se une a la esperanza y el respeto al miedo. Se puede creer o no en la existencia del más allá, pero la evidencia física de la desaparición de este mundo hace que se presente siempre un interrogante ineludible: ¿Todo se termina con la muerte? En lugar de responder a ese interrogante, muchos prefieren soslayarlo y se banaliza lo referente a la muerte y al más allá. Unos inventan paraísos materiales inconcebibles, otros prefieren la aniquilación total, los de mayor fantasía se inclinan por un proceso de ida y vuelta, que sería la reencarnación.

Tampoco puede olvidarse una actitud muy generalizada: el silencio. Preferible no hablar. ¿Porque no se tienen ideas claras o porque se prefiere soslayar un asunto importante pero incómodo? «Señor, me cansa la vida. Me dejaste solo con el mar a solas.» Así escribió Antonio Machado. El hombre siente el peso de la existencia y la aspiración a vivir una vida distinta y feliz, sin angustias ni «pesos» insoportables. La muerte no es sino cruzar la frontera hacia esa vida nueva. Es un eslabón diferente en esa cadena que enlaza el tiempo y la eternidad.

Los días son como jornadas de mercenario. Soy un esclavo que suspira por la sombra y jornalero que espera su salario... ¡Saca, Señor, la profundidad de las tinieblas y la luz de la sombra! Job recuerda así el país de la sombra, donde hay una vida sin estar ligada a la debilidad del cuerpo. Job hablaba del país de la sombra, otros del inmenso sol. Tolstói puso en boca de uno de sus personajes: «En nombre de Dios, dejadme morir como es debido.»

A nadie le puede pasar desapercibido el hecho de la muerte. Quienes estuvieron aquí ya no lo están. De ellos se habla como de los que desaparecieron y no volverán a verse en este mundo. Fueron compañeros que nos precedieron en el camino.

De la propia muerte se hace un discurso diferente. Siempre se mueren los otros. Parece como si la muerte llamara solamente a la casa del vecino. Pero, antes o después, también visita la propia morada. Su visita es temida, más por los sufrimientos que pueda haber antes que por la inmortalidad que viene después. Porque nadie va a caer en la nada.

Quien muere no es el cuerpo sino la persona, que es la que va a tener un camino nuevo de vida inmortal. Atrás quedan sentimientos y recuerdos. Todo será nuevo y para siempre. De la seguridad del tránsito al más allá no puede sino llegarse a la buena consecuencia de cuidar del tiempo presente, como bien anticipado, en la finitud de la existencia, hacia lo completo y pleno.

Nadie, se dice, ha vuelto de la muerte para decirnos lo que ha encontrado en el más allá. Es una prueba más del camino sin retorno de la vida. Se habla de unos estados especiales en los que se ha tenido la experiencia de estar pisando el umbral de la muerte. Se contemplaba algo distinto. Nadie se encontró con la nada. Por otra parte, el testimonio del que volviera sería difícilmente creíble. No comprenderíamos los términos en los que nos hablara. Lo recordaba Jesús en la parábola del pobre Lázaro y del rico que, sepultado en el Hades, gritaba: Envía a uno que haya muerto a casa de padre y que hable a mis hermanos, para que les dé testimonio y no vengan ellos a este lugar de tormento. Ya se lo han dicho, replicó Abraham. Si no han creído a los profetas, tampoco se convertirán aunque un muerto resucite (Lc. 16).

No nos queda más que el silencio. Pero un silencio elocuente, que habla de limitación, fragilidad, tránsito de este mundo, caducidad de la existencia sobre la tierra. Nada de ello conduce a la desesperación, sino a la valoración de este tiempo, de esta existencia, de esta finitud que produce los frutos que durarán para siempre. «Acuérdate de tu Creador en los días mozos, mientras no vengan los días malos y se echen encima los años... Y vuelva el polvo a la tierra y el espíritu vuelva a Dios que es quien lo dio» (Ece. 12, 1-7). Nuestra certeza no puede ser otra que la esperanza de quien confía y sabe que la promesa de aquel al que ama no defraudará.

Como origen y destino, Dios es la raíz y explicación de todo, de la vida y de la muerte. De Dios venimos. A Dios retornamos. Si en Dios se cree, ya no es posible pensar en un futuro sin Dios, sin vivir para siempre y con Él. La alianza entre el Creador y la criatura no se romperá jamás.

Todos veremos la muerte, es compañera y destino. Pero no todo acaba con el momento en que llega para recoger el tributo del pecado. Dios, por la resurrección de Jesucristo, hará que el triunfo final sea el de la vida. De esta manera es como la muerte y la esperanza de resucitar están presentes en la Biblia. Por un hombre entró el pecado en el mundo y por el pecado la muerte (Rom. 5, 12). ¿Qué hombre podrá vivir sin ver la muerte? (Sal. 89, 49). No es Dios quien hizo la muerte. Él todo lo creó para que subsistiera (Sab. 1, 13-14). Cristo es el vencedor de la muerte. Si por el delito de uno solo reinó la muerte, por Jesucristo reinará la vida (Rom. 5, 17). Nos hemos hecho una sola cosa con Él: nuestra muerte será para la resurrección (Rom. 6, 5). Y el enemigo, siempre el pecado, será vencido (1 Cor. 15, 26). ¡Muera, pues, mi alma con la muerte de los justos! (Núm. 23, 10).

En esta perspectiva de vivir para siempre es en la que hay que enfocar la muerte. Se teme la muerte, pero la hora del tránsito, para el hombre de fe, está revestida de esperanza. Para ese momento se pide la misericordia de Dios y la intercesión de María y de los santos.

En la vida y en la muerte somos del Señor. Del Señor Jesucristo, el que vivió entre nosotros y resucitó. Dios se ha manifestado en Jesús y en Él nos ha dado la posibilidad de esa vida sin final. Nada de cuanto podamos decir sobre la vida o la muerte puede pensarse sin tener en cuenta el misterio de Cristo.

No podéis entristeceros como aquellos que no tienen esperanza, recomienda san Pablo. Porque si creemos que Jesús murió y resucitó, de la misma manera Dios llevará consigo a quienes murieron en Jesús (1 Tes. 4, 13-14). Habrá, eso sí, que tener en cuenta el equipaje que hay que llevar en este viaje de la eternidad: las obras son las que acompañan.

Todo cuanto se refiere a la muerte cristiana hay que revestirlo de una profunda espiritualidad, llenarlo de un inconmensurable amor de Dios. De confianza en el que nos amó y redimió de los pecados. Más fuerte que el morir es el amor de quien nos ha dado la vida. Morir con la generosidad de Cristo, que en el último momento y en la cruz entrega el «espíritu» al Padre. En perfecta identificación con Dios: lo que tú me diste, te lo entrego.

Como para mí la vida es Cristo, el morir es un premio, decía san Pablo (Flp. 1, 21). Se comenzó a vivir con Cristo en el bautismo. Son muy bellas y consoladoras las palabras con las que la Iglesia despide de este mundo a los difuntos: marcha en el nombre de Dios, que los ángeles te reciban. Que Cristo, el que murió por ti, te conceda la libertad verdadera. Y que contemples cara a cara a tu Redentor y goces de Dios para siempre.

23. ¿Existe el juicio final? ¿De qué se nos juzgará?

En la voluntad creadora de Dios está la participación, en su misma vida, de aquellos a los que ha creado a su imagen y semejanza. En su libertad, el hombre puede elegir, durante la peregrinación en este mundo, el lugar donde quiere estar: con Dios o fuera del ámbito del amor de su Señor.

Cada uno tendrá que dar cuenta de la mayordomía, de bienes y talentos, de las sinrazones del mal cometido, del don mismo de la vida. Será, ese día del juicio, como la gran fiesta de la justicia, la del triunfo del bien. Cada uno se presentará tal como es, sin coartadas ni ropajes que disimulen y confundan.

Siempre caemos en la misma tentación: la de soslayar aquello que nos incomoda. Sin embargo, el juicio es como una exigencia de la verdad y de la justicia, de la necesaria separación entre el trigo y la cizaña. Dios no puede callarse ni olvidar el reconocimiento de las obras de bien. Con el juicio final termina la historia del tiempo. Lo que sigue es eternidad. Es el regreso de Cristo, que vendrá a juzgar a los vivos y a los muertos, a poner a cada cual en su sitio.

Día de juicio y del encuentro definitivo del hombre con la justicia de Dios. Si alguno no quiso aceptar el perdón y reconciliación con Dios, Él mismo se autoexcluye, con su libre voluntad, de entrar en el reino definitivo de Dios. No puede haber igualdad de oportunidades para la injusticia y para la gracia. De aquí se deduce que la salvación universal está dentro de las aspiraciones de nuestra esperanza.

Pero cada uno tiene que recoger la cosecha de aquello que ha sembrado. Cabe el perdón, pero lo ha de preceder el arrepentimiento y la súplica de misericordia. La voluntad de Dios es clara: la salvación universal. Dios ofrece; el hombre es libre para elegir y aceptar.

Será, aquel día, el de la gran fiesta de la justicia, del amor y de la misericordia. Porque al final, a la tarde —como dice san Juan de la Cruz— te examinarán en el amor. El amor de Dios revelado en Jesucristo y el amor de las buenas obras manifestado en la caridad para con el prójimo. El amor de Cristo será como una luz fulgurante que descubrirá la verdad y el bien y quedará en evidencia la maldad. Caen disfraces y máscaras y queda el hombre en su propia identidad de un ser libre y capaz de amar y elegir.

Cuando Cristo llegue y juzgue a los vivos y a los

muertos habrá terminado la generosa acción redentora. El último momento para el reconocimiento de Cristo como Salvador. El convencimiento de una revisión de la vida ante la justicia de Dios es un convencimiento profundamente arraigado en la naturaleza del hombre. Pueden ser distintas las motivaciones en las que se exprese ese convencimiento. No es infrecuente que se vea a Dios como el vengador de unas injusticias que cada uno padecía a causa del otro. ¡Dios dará a cada uno lo que merece! Pero más se piensa en el castigo del vecino que en la responsabilidad propia.

Con el juicio llega el final de la historia, tanto de la personal como la del universo entero. Es esa misma historia personal y comunitaria la que será juzgada. El juicio particular y el «juicio de las naciones», aunque la sentencia recaerá sobre el individuo concreto, pues a cada cual le corresponde recoger el fruto de su trabajo y sementera.

Desde el amor universal de Dios y con Jesucristo, Señor y Juez, resplandecerá el valor de la libertad humana y el ejercicio de la responsabilidad personal. Día del Señor y manifestación de su gloria. Acontecimiento pregonado por los profetas y el evangelio: Dios convoca a los pueblos y juzgará con justicia y equidad (Sal. 93, 13). ¡Suban las naciones al valle de Josafat! Que allí me sentaré yo para juzgar a todas las naciones (Jos. 4, 12). Cuando el Hijo del hombre se siente en su trono de gloria para juzgar a las tribus de Israel (Mt. 19, 28). Porque ha fijado el día en que va a juzgar al mundo según justicia (Ac. 17, 31). Te conjuro en presencia de Dios y de Cristo Jesús que ha de venir a juzgar a vivos y muertos... (2 Tim. 4, 1). Darán cuenta a quien está pronto para juzgar a vivos y muertos (1 Pe. 4, 5).

Un tema preferido por los profetas es el del juicio final, el juicio de las naciones, el día del desquite del Señor, de dar a cada uno su salario. A todos llegará la hora de oír la voz de Dios. El relato de Mateo (25, 31 ss.) es muy claro y elocuente: Cristo vendrá acompañado de los ángeles. Delante de Él se congregarán todos los pueblos. Como pastor bueno, separará a las ovejas de las cabras. Unos, según sus obras, irán a la vida eterna. Los otros, al castigo. Será la hora en que todos los que estén en los sepulcros oirán su voz y los que hayan hecho el bien resucitarán para la vida, y los que hayan hecho el mal para la condenación.

Ante el tribunal de Cristo. Solamente el Redentor será el juez y el defensor: «Venid, benditos, porque me habéis reconocido... Porque tuve hambre, y me disteis de comer; tuve sed, y me disteis de beber; era forastero, y me acogisteis; estaba desnudo, y me vestisteis; enfermo, y me visitasteis; en la cárcel, y vinisteis a verme» (Mt. 25, 31-33).

Son las acciones con las que se ha reconocido a Cristo como Señor, y presente de una manera particular en los indigentes. Esa comparecencia ante Cristo tiene toda la seriedad de un juicio sobre el comportamiento seguido, pero también con la gozosa esperanza de encontrar un juez que, por ser sumamente justo, es siempre rico en misericordia.

La resurrección de los muertos y la venida de Cristo como juez está entre las verdades dogmáticas de la Iglesia católica. Después de la muerte, el juicio y la retribución inmediata. ¿De qué se nos juzgará? Se pondrá ante cada uno la misma vida de Cristo. Él será juez y testigo, código y modelo de referencia. Lo que hicisteis conmigo... Es la aceptación práctica de Jesucristo. El que dice que ama a Dios... «En esto se reconocen los hijos de Dios y los hijos del diablo: todo el que no obra la justicia no es de Dios, ni tampoco el que no ama a su hermano» (1 Jn. 3, 10). «Quien no ama no ha conocido a Dios, porque Dios es amor» (1 Jn. 4, 8).

De nuevo el texto de san Juan de la Cruz: «A la tarde te examinarán en el amor. Aprende a amar a Dios como Dios quiere ser amado y deja tu propia condición» (*Avisos y sentencias,* 57). La caridad, el amor, como aval y garantía para un juicio con sentencia no sólo absolutoria sino con generosa recompensa de vida eterna. Hay una gran diferencia con el modelo de los juicios humanos. A una persona se la declara culpable o inocente. En el juicio de Cristo se reconocen los méritos y se ofrecen premios y recompensas generosos e innegables.

Cristo no es un personaje extraño. Hemos conocido su «gracia y su verdad». Ha venido a nosotros y ha puesto su casa junto a la nuestra. El retorno de Cristo y el fin del mundo no pueden ser motivo de temores irracionales, sino de llamada a la conversión y a la esperanza. Hoy estarás conmigo en el paraíso, le dice Jesús al buen ladrón. Son las palabras que esperan oír todos los hombres. Pero también puede existir aquel que no desea oírlas, porque tampoco quiere saber nada de Cristo, ni ahora ni nunca. Pero como Cristo sí quiere saber de él y le conoce, al caer de la última tarde dejará las noventa y nueve ovejas y saldrá de nuevo a buscar a la que se había perdido... Ocasión privilegiada para dejarse encontrar por Cristo y hacer que haya mucha alegría en el cielo.

24. ¿Resucitaremos con los mismos cuerpos que tuvimos en la tierra?

Resucitaremos. Y con el yo personal que tuvimos en esa maravillosa unidad entre lo espiritual y lo corpóreo. Todos resucitarán con su propio cuerpo, pero transfigurado y espiritual, revestido de incorruptibilidad e inmortalidad. Desde estas afirmaciones, repetidas por la Escritura y la enseñanza de la Iglesia, surgen no pocas cuestiones sobre la forma, el modo, el tiempo en que se realizará esa resurrección. La teología se ve desbordada por la imaginación.

Más allá de la muerte, del tránsito de este mundo, todo será distinto. Modos y tiempo se rigen por otras categorías y leyes, tales como la incorruptibilidad, la intemporalidad, la eternidad. Resucitará la persona, completa, total. Ahora bien, es muy difícil precisar las condiciones de esa resurrección. Tampoco resulta adecuado pensar en una reanimación del cuerpo, entendido en un sentido meramente físico y que sufriría una especie de cuidadoso proceso estético que reparara cualquier defecto.

El hombre, la persona, quedará liberado de la esclavitud de la corrupción. Lo que es inimaginable es una especie de retorno físico a unas condiciones iguales a las que se tenían antes de la muerte. El cuerpo es algo más que un conjunto anatómico. La resurrección de la carne hay que entenderla en un sentido bíblico, de condición de criatura. El Verbo de Dios se hizo carne.

¿Cómo resucitarán los muertos? ¿Con qué cuerpo volverán a la vida? La pregunta se la hicieron a san Pablo. Se resucita, pero se siembra corrupción y resucita incorrupción; se siembra vileza, resucita gloria; se siembra debilidad, resucita fortaleza; se siembra un cuerpo material, resucita un cuerpo espiritual (1 Cor. 15, 35-44). Todo habrá cambiado después de la muerte.

Nuestra mejor referencia es siempre Cristo, el Señor Resucitado. Se aparece a los discípulos, come con ellos, camina sobre las aguas, le ofrece a Tomás las manos y los pies llagados. Es Cristo, visible, palpable, pero distinto en su corporalidad. Nada de lo personal ha desaparecido, todo ha resucitado.

A semejanza de Dios fuimos creados. Si Cristo es la imagen verdadera de Dios invisible, no cabe la menor duda de que solamente desde lo acontecido en Cristo podemos esperar la realización en el hombre del misterio pascual. Nada de lo que el Padre ha dado a Cristo puede perderse. Tiene que resucitar. «Porque ésta es la voluntad del Padre: que todo el que vea al Hijo y crea en Él tenga vida eterna y yo lo resucitaré en el último día» (Jn. 6, 40).

No podemos dudar de la resurrección de los muertos, de la resurrección de esa «carne» débil y mortal. Cristo fue quien inició el camino. Fue la primicia de la resurrección de todos. ¡Glorificad a Dios en vuestro cuerpo!, recomienda san Pablo. Todo ha quedado unido en la humanidad de Cristo, en la que se refleja, de modo admirable, la acción creadora de Dios que hace al hombre cuerpo y espíritu, en unidad personal. Lo que Dios ha creado no desaparece, se transforma.

25. ¿Cómo es el cielo?

Inimaginable. Se puede desbordar la imaginación y componer las situaciones más deseables. Siempre se quedaría en aproximaciones y posibilidades. Como el deseo de felicidad es grande, no es fácil que pueda colmarse con cualquier suposición que necesariamente tenemos que hacer con los datos que a la imaginación suministran los sentidos.

Sin embargo, esa misma imposibilidad de hacer una descripción de cómo es el cielo ya es, de alguna manera, un acercamiento a la realidad del cielo: supera todo lo imaginable. No es un lugar. Es una situación: la de aquellos que han llegado a la plenitud en Cristo. Es decir, es esa unión definitiva con Dios sin el menor temor de poder perderla nunca. Es la consecuencia última de la victoria de Cristo sobre el mal y sobre la muerte. Todo ha sido redimido. Todo ha sido restaurado. Y el hombre, en la humanidad de Cristo, glorificado.

Dios, siempre Dios, es la razón última de todo. Todas las realidades de este mundo están orientadas hacia Él. También el profundo deseo de felicidad que existe en el corazón del hombre. Esa felicidad que no puede colmarse sino en una situación completamente nueva e indescriptible.

La Iglesia es como señal y sacramento, dice el Concilio Vaticano II (*LG,* 1). Un signo de la unión íntima con Dios en Cristo. Y la Iglesia es el comienzo de ese Reino definitivo de Dios en el que la unidad entre Dios y los hombres, entre Cristo y los rescatados por su sangre, será perfecta.

Inimaginable e inagotable. Manantial de felicidad sin posibilidad alguna de que pueda agotarse. Felicidad en la que participará el universo entero: «Ignoramos el momento de la consumación de la tierra y de la humanidad, y no sabemos cómo se transformará el universo. Ciertamente, la figura de este mundo, deformada por el pecado, pasa, pero se nos enseña que Dios ha preparado una nueva morada y una nueva tierra en la que habita la justicia y cuya bienaventuranza llenará y superará todos los deseos de paz que se levantan en los corazones de los hombres» (Vaticano II, *Gaudium et spes* (*GS*), 39, 1).

Solamente Cristo puede ser la medida de las aspiraciones del hombre. También aquí pueden valer las palabras de san Agustín: la medida del amor es un amor sin medida. Todo será insólito y nuevo: cielos nuevos y tierra nueva en los que habite la justicia y todo tenga a Cristo por Cabeza.

Aunque no son pocas las imágenes y las referencias al «Jerusalén celeste», todo queda superado por la capacidad amorosa de Dios, que prepara para los elegidos lo que ni los más grandes deseos pudieran pedir. Dios siempre lo supera todo. Como es evidente, la visión de Dios tiene que ser completamente distinta de una realidad meramente física, superada con el tránsito de la muerte. Más que ver a Dios es estar con Dios, vivir en Dios.

El Concilio Vaticano II ha preferido hablar de la «Iglesia celestial», de aquellos que gozan de la gloria contemplando a Dios mismo (*LG,* 49). Y en el *Credo del pueblo de Dios,* de Pablo VI, explícitamente se dice: «Creemos que la multitud de aquellas almas que con Jesús y María se congregan en el paraíso forma la Iglesia celestial, donde ellas, gozando de la bienaventuranza eterna, ven a Dios como Él es, y participan también, ciertamente en grado y modo diversos, juntamente con los santos ángeles, en el gobierno divino de las cosas, que ejerce Cristo glorificado, como quiera que interceden por nosotros y con su fraternal solicitud ayudan grandemente a nuestra flaqueza.»

Ha de pensarse en el cielo como en esa comunión íntima y personal con Dios. Gozando de la luz y el amor del misterio trinitario desvelado, en el gozo de la presencia y de la compañía de la Santísima Virgen María y de los santos. Seremos nosotros mismos, pero con Cristo, inseparables de Él. Nuestra vida es Cristo.

26. ¿Qué es el purgatorio?

Como el cielo es algo tan hermoso y perfecto, entrar en él requiere una limpieza total del espíritu, de la persona. Es como el escultor que va puliendo su obra para que sea arte perfecto. Así, después de la muerte se realiza la purificación completa de cualquier mancha de pecado.

En ese tiempo de purificación, igual que lo estuvo en vida, la persona va a estar acompañada por la oración de la Iglesia, que pide y ofrece por los difuntos. La existencia del purgatorio es una esperanza más en contra de lo irremediable de la muerte. Se sigue viviendo para poder realizar plenamente el encuentro definitivo con Dios. Es como una posibilidad de seguir perfeccionándose, creciendo en el amor y el deseo de Dios.

Ni es un lugar ni una pena añadida, ni tampoco una especie de ofrecimiento de una última oportunidad para la salvación. Como el tiempo, después de la muerte, ya no cuenta, el purgatorio es más intensidad que horas y años. Se sufre, no como castigo impuesto por Dios, sino en consecuencia del pecado cometido. Pero se mantiene no ya la esperanza de la posibilidad, sino la seguridad del encuentro con Dios.

El purgatorio aparece como una señal de la bondad y de la misericordia de Dios y, también, como exigencia de la misma condición humana. Por parte de Dios es ofrecimiento de la santidad definitiva. La purificación no es castigo, sino deseo íntimo del hombre que ha conocido ya plenamente el verdadero camino de la luz. No es, por tanto, un infierno a tiempo limitado, sino un cielo al que se está llegando.

Después de la batalla, se lee en la Escritura (2 Mac. 12, 38 ss.), se recogían los cadáveres y se hacía una colecta para encargar sacrificios por el pecado, «obrando muy hermosa y noblemente, con el pensamiento puesto en la resurrección. Pues de no esperar que los soldados caídos resucitarían, habría sido superfluo y necio rogar por los muertos».

En el evangelio hay algunas referencias a la necesidad de «pagar hasta el último céntimo» (Mt. 5, 26), a que todo pecado se perdonará, excepto la blasfemia contra el Espíritu (Mt. 12, 31). San Pablo habla de la obra imperfecta que tiene que ser purificada a través del fuego (1 Cor. 3, 15).

Hasta que el Señor venga de nuevo, unos peregrinan en la tierra, otros se purifican en el más allá, otros gozan ya de la gloria (*LG*, 49), así lo dice el Concilio Vaticano II, reafirmando la doctrina tradicional de la Iglesia y las formulaciones de fe en la necesidad de ofrecer sufragios por los difuntos. La memoria de los que han muerto está presente en la Iglesia desde los primeros tiempos, sobre todo en el momento de la plegaria eucarística, y se recomienda ofrecer por los difuntos obras de penitencia y limosnas.

Una vez más, la caridad viene en ayuda nuestra y nos invita a comprender. La vida no se termina, se transforma. Y el amor sigue acompañando a los que han traspasado el umbral de la muerte. Es una forma de solidaridad con los que «caminan hacia Dios en el tiempo de la purificación». Al ser obra buena y de tanto amor para quienes han muerto, no puede por menos que ser agradable a Dios. Es la comunión de los santos. A unos les rezamos para pedir intercesión. Por los otros pedimos a Dios para que, cuanto antes, sean también nuestros intercesores.

27. ¿Todavía van al limbo los niños no bautizados?

Es una cuestión discutida entre los teólogos. Ni la Escritura habla del tema ni el magisterio de la Iglesia ha propuesto doctrina alguna sobre el supuesto estado de los niños que hubieren muerto antes de recibir el bautismo y, por tanto, sin habérseles borrado el pecado original. Una situación indefinida sin pena ni gloria, sin condena ni visión de Dios.

El limbo de los patriarcas, seno de Abraham, seol, es una expresión recogida por el evangelio en la parábola de Lázaro y del rico Epulón. Se refiere a la situación de los justos que esperaban la redención del Mesías prometido. Estarían como acostados y recogidos en el «pecho» del gran patriarca Abraham, padre en la fe.

28. ¿Es dogma de fe la existencia del infierno?

Si todos hemos sido llamados a la salvación, ¿cabe en alguno la posibilidad de renunciar a seguir esa llamada? El hombre tiene que aceptar el riesgo de su libertad, que es el de ponerse en la opción de elegir.

Por parte de Dios, la voluntad de salvación es explícita y los medios se ofrecen a todos por igual. Unos los aceptan. Otros están en la libertad de rechazarlos y de alejarse voluntariamente de Dios. Lo que no cabe es el aniquilamiento de lo que ha sido creado para vivir. No hay posibilidad de volver a la nada.

El discurso sobre el infierno, la condenación y el rechazo del amor de Dios para siempre puede caer en dos extremos: el de la fantasía y el de la negación. Lo primero sería la descripción de hornos, fuegos, torturas y calderas, olvidando el verdadero y más profundo de los sufrimientos: el alejamiento definitivo de Dios.

En el otro extremo: negar la existencia del infierno. Así se acaba de un plumazo con cualquier tipo de miedo y, sobre todo, con la responsabilidad, con las comprometedoras consecuencias que trae consigo el optar por Dios como supremo valor de la existencia.

Una teoría: la *apocatástasis*. Al final, todo conseguirá la felicidad. Algo así como una especie de apoteosis de estética del bien con la desaparición de lo imperfecto y, por supuesto, del infierno. Esa versión filosófica del último día está poco en consonancia con la revelación. Otra cosa es el anuncio evangélico del nuevo y definitivo reino de Dios. La infinita misericordia de Dios y los méritos redentores de Cristo avalan la esperanza de la salvación. El infierno sería el fracaso individual de esa vocación humana a vivir la Pascua eterna con Cristo.

Ni un pesimismo fundamentalista ni la ingenuidad evasiva que anula la libertad de elegir y la responsabilidad individual de las acciones morales. De lo que no cabe duda es de que la acción evangelizadora de la Iglesia tiene como objetivo el que todos se salven y lleguen al conocimiento de la verdad.

El rechazo del amor de Dios lleva a la condenación. Cada uno, con sus pecados, enciende el propio fuego. Pero lo que no podemos aceptar es que el pecado y el mal tengan la misma fuerza que la gracia y el amor de Dios. El hombre puede elegir, pero en su opción fundamental por el amor de Dios no le puede faltar la asistencia del Espíritu Santo, el que da la vida.

Todo ello no contradice la existencia del infierno, sino que la reafirma: existe la posibilidad de rechazar libremente a Dios y colocarse fuera del ámbito de su amor. En el evangelio se habla del fuego y la condena para los que aceptan la conversión al Reino de Dios, así como el alejamiento definitivo de Dios. El infierno no es una amenaza, sino una invitación a la responsabilidad de convertir el corazón y reconciliarse con Dios.

La existencia del infierno es verdad definida por el magisterio de la Iglesia. Solamente del diablo y sus ángeles tenemos certeza de que están en él. Dios ofrece la salvación, pero no puede imponer su amor a nadie. Si el hombre puede amar a Dios, también existe la posibilidad de rechazarlo. El infierno, como separación de Dios, lo elige uno mismo. Quien no ama, dice san Juan, permanece en la muerte (1 Jn. 3, 15). Pero Dios quiere que todos se salven y para Dios no hay nada imposible. Solamente la obstinación del hombre en no aceptar la misericordia de Dios es el camino de la condenación.

29. ¿Existe el demonio? ¿Es alguien o algo? ¿No es un mito medieval?

Demonio, diablo, Satán, Satanás, maligno, espíritu del mal, tentador... Con todos estos nombres se le conoce. Pero no todas esas palabras expresan lo mismo. No son sinónimos. Al demonio y al diablo se les teme. Algunos los veneran, con la pretensión de recibir poderíos y conocimientos esotéricos.

Cuando lo religioso y auténtico de la fe disminuye, aumenta siempre lo supersticioso, los satanismos, lo pararreligioso. La falta de valores conduce a «valorar» lo insólito, lo fantasmagórico, los espiritismos. La existencia del diablo es un tema más serio. Más comprometido, sobre todo teniendo en cuenta el combate de la fe que el hombre tiene que librar continuamente para mantenerse fiel a Dios.

Así leemos en el *Catecismo de la Iglesia católica*: «Tras la elección desobediente de nuestros primeros padres se halla una voz seductora, opuesta a Dios que, por envidia, los hace caer en la muerte. La Escritura y la tradición de la Iglesia ven en este ser un ángel caído, llamado Satán o diablo. La Iglesia enseña que primero fue un ángel bueno, creado por Dios. El diablo y los otros demonios fueron creados por Dios con una naturaleza buena, pero ellos se hicieron a sí mismos malos» (391).

La existencia del diablo no es una creación mitológica ni una recreación medieval, sino una realidad con la que nos encontramos en la Biblia. Es la criatura de Dios que sucumbió a la soberbia y cayó en la condenación. La tradición cristiana así lo ha recogido como un dato revelado.

El diablo aparece en la Biblia como una realidad personal que influye y provoca la tentación, que es adversario a los planes salvadores de Dios. Seductor y embaucador del hombre. No tiene ningún poder sobre el hombre porque Cristo lo ha vencido con su muerte y resurrección. El cristiano nunca será tentado más allá de lo que con sus fuerzas y la gracia de Dios pueda resistir. La firmeza en la fe vencerá al mal. «El demonio es el primer autor del mal en la historia del hombre y la lucha contra el maligno sólo se puede realizar en el nombre de Cristo» (Juan Pablo II, *Catequesis,* 25-11-87).

Existe, pues, el diablo. No es un mito, sino una realidad personal que aparece en la revelación. Pero todo cuanto se refiere a la existencia del diablo, o tiene relación con la fidelidad que el creyente debe a Dios, o no tiene sentido alguno. Por eso, todo ese alud de satanismos, misas negras, exorcismos espectaculares, cultos demoníacos, no son sino extravagancias y evasiones ante el vacío de fe y de valores humanos fundamentales.

IV. ¿SON COMPATIBLES LA CIENCIA Y LA FE?

30. ¿Siguen oponiéndose fe y ciencia?

En la manera de hacer la pregunta se puede hacer caer en la sospecha de que la confrontación entre la ciencia y la fe es un problema endémico e irresoluble. Lo cual, en cierto modo, es comprensible cuando se habla de la ciencia como de un espacio hermético donde no puede caber más que lo positivo y cuantificablemente experimentable. La fe va por otro camino: el de la revelación. Lo que no quiere decir que no tenga su apoyo intelectual, su racionalidad. Ciencia y fe, en este sentido, son ámbitos completamente diferentes, porque pueden relacionarse, dialogar, incluso apoyarse recíprocamente, sin perder la ciencia su carácter de experimentación cuantificable y la fe su fidelidad a la manifestación revelada de Dios.

No es extraño, por otra parte, que los posibles conflictos entre la ciencia y la fe provengan de sectores interesados y sean promovidos en favor de determinadas opciones que nada tienen que ver ni con la ciencia ni con la fe: ideologías totalizantes, esoterismos... Ni que decir tiene que, en esa interesada confrontación entre la ciencia y la fe, siempre se trata de dejar en evidencia y hasta ridiculizar a esta última.

Valor compartido por la ciencia y por la fe es el de la autonomía. La ciencia tiene su propio método, sus criterios, su libertad de investigación y de formulación de hipótesis y de conclusiones. La fe se apoya únicamente en la manifestación de Dios en Jesucristo. Es adhesión de mente y de corazón a lo revelado. Existen datos históricos, signos de credibilidad, razonamientos congruentes que avalan el asentimiento a lo que Dios ha dicho a los hombres, pero la verdad y garantía de la fe no es otra que Dios mismo.

Esta autonomía y distinción, lejos de ser motivo para el distanciamiento y la indiferencia recíproca, mucho menos para la confrontación, puede ser un punto de apoyo para el diálogo entre científicos y teólogos, sin temor a perder nada de la propia libertad de investigación y al ofrecimiento recíproco de los resultados de sus estudios. Por otro lado, aunque la ciencia positiva no tenga como objeto la reflexión sobre Dios, no por ello se puede decir que no haya muchos científicos que sean creyentes.

La ciencia se mueve en el ámbito de la demostración de unos fenómenos detectados y de los que se buscan las causas y se trata de controlar los efectos. No parte del principio de conocimiento, sino de posibilidades e hipótesis que pasan a ser comprobadas en la experimentación, rastreando todos los elementos que concurren en el fenómeno observable.

En realidad, éste sería el método de un conocimiento inductivo. Pero el concepto de ciencia es mucho más amplio y no puede reducirse únicamente a lo matemáticamente cuantificable. Pensemos en la filosofía, en la psicología, en muchas de las llamadas ciencias humanas. El saber va a llegar por caminos diferentes e igualmente válidos para el conocimiento de la verdad. La ciencia no puede apoyarse en los simples datos comprobados, sino en relación con un sistema más amplio de conocimientos, de reflexión.

También la ciencia puede caer en el dogmatismo rígido de los principios incuestionables. Teorías como la de la relatividad, de los *cuanta,* de la física subatómica, han hecho que la misma ciencia aplique criterios de una posibilidad permanente de corrección e incorporación de nuevos datos para un conocimiento que no puede arrogarse el carácter de absoluto. La ciencia tiene que estar abierta a realidades más amplias que aquello que puede caber en lo limitado de un laboratorio experimental.

En el conocimiento por la fe se necesita de una iluminación particular: la de la gracia. Solamente con el favor de Dios se puede acceder al asentimiento de la manifestación que Dios hace de sí mismo en la verdad revelada. No se trata de una acción voluntarista, sino de una actitud receptiva del conocimiento de la verdad de Dios que se le ofrece. Por una parte está el don gratuito de la fe que generosamente se le regala y, por otra, la libertad que el hombre tiene para la aceptación.

Con una disposición de libre acatamiento recibe el hombre el conocimiento de la revelación. Ahora bien, la fe va a llenar por completo el pensamiento y la conducta del hombre, toda su existencia. Es más, en esa adhesión a la fe está comprometida la realización plena del destino actual y futuro. La inteligencia recibe una nueva luz, la conducta una nueva responsabilidad ética.

El contenido fundamental de la fe es Dios revelado en Jesucristo, su persona, su doctrina, su presencia en el Espíritu. Profesar la fe cristiana es el reconocimiento, en obras, palabras y pensamiento, del Señor muerto y resucitado, del misterio pascual.

Después de estas aclaraciones sobre la ciencia y la fe podemos comprender que la fe tiene unas fuentes y apoyos distintos a los de la ciencia, pero que el conocimiento científico, muy lejos de ser permanente oposición a la fe, es un estímulo para la reflexión teológica y la purificación del conocimiento de elementos ajenos a la revelación. Por su lado, la ciencia puede recibir de la fe la humanización necesaria para comprender que la racionalidad de la verdad no puede encerrarse únicamen te en el dato inmediato y cuantificable. Incluso muchos contenidos de las ciencias humanas —pensamientos, actitudes, motivaciones, valores— escapan a lo estrictamente experimentable y, sin embargo, la filosofía y la psicología son unas ciencias perfectamente legítimas. Igual que la teología, que lo es del conocimiento de Dios.

No se oponen la fe y la ciencia. Ahora bien, sólo Dios es Dios, omnipotente y eterno. Ni la ciencia ni la técnica son Dios. Cuando la ciencia se autoidolatra deja de ser ciencia verdaderamente creíble. El auténtico científico es el que está siempre abierto a un conocimiento nuevo y nunca cierra los horizontes de la inteligencia a una luz inidentificable como es la del conocimiento teológico, la de la fe.

Juan Pablo II: «La fe y la razón (*Fides et ratio*) son como las dos alas con las cuales el espíritu humano se eleva hacia la contemplación de la verdad. Dios ha puesto en el corazón del hombre el deseo de conocer la verdad y, en definitiva, de conocerle a Él para que, conociéndolo y amándolo, pueda alcanzar también la plena verdad sobre sí mismo» (*FR*, 1).

31. ¿Incide el progreso de la ciencia en la religión?

Nunca debe olvidarse que la fe, aunque sea favor de Dios, se encarna y vive en el hombre, llega a su pensamiento y a su conducta. La ciencia ayuda al mejor conocimiento del mundo y de las cosas, enriquece el saber, orienta el comportamiento, contribuye a la calidad de vida.

Aunque en éste viva como peregrino, el hombre de fe no vive en otro mundo. Todo lo que le rodea influye en él y con todas esas realidades, antiguas y nuevas, debe estar en diálogo permanente. Nada de lo humano es ajeno a las preocupaciones de la fe. Incluso más: el progreso de la ciencia ayuda a que el hecho religioso revise sus contenidos y expresiones, no porque sean erróneas en su origen, sino para un mejor entendimiento de las mismas.

El creyente se siente implicado en el desarrollo y el progreso de la humanidad, pues no puede separar su convencimiento religioso de su realidad de sujeto relacionado con el entorno en que vive. La fe no sólo no se opone al progreso sino que es un estímulo más para buscar continuamente todo aquello que pueda ayudar al conocimiento de la verdad y al bienestar individual y social.

En los nuevos descubrimientos científicos pueden presentarse fuertes interpelaciones a la fe y pedir que se den «razones de la esperanza». Esos posibles cuestionamientos deben ser estímulos positivos para el estudio, la reflexión y el diálogo. El progreso de la ciencia también ayuda al desarrollo del conocimiento religioso. No es que haya una nueva revelación, sino que se conoce mejor la que se ha manifestado.

Puede ser más preocupante una actitud humanística endiosada y tozudamente empeñada en prescindir de cualquier referencia a Dios. Un trágico humanismo que, bajo pretexto de servir al hombre, lo limita y desfigura. Es ese humanismo exclusivo que, en palabras de Pablo VI, es un humanismo inhumano.

Razón y fe, ciencia y religión, pensamiento y creencia religiosa no se oponen, se ayudan mutuamente al mejor conocimiento de cuanto puede contribuir a la perfección del hombre. Tampoco han de confundirse. El progreso incide en la religión, pero no es un ídolo al que hay que adorar. Por otra parte, habría que hacer un serio discernimiento sobre aquello que se considera como progreso y no lo es tanto, como es lo que poco ayuda a que el hombre tenga mayor dignidad y viva más feliz. La palabra progreso se emplea, muchas veces, como talismán mágico para el encantamiento de potenciales seguidores. Solamente puede ser considerado como progreso aquello que de verdad ayuda al hombre a vivir con la dignidad y libertad a las que está llamado como hijo de Dios.

32. ¿Se puede conocer a Dios por la razón?

No cabe la menor duda de que el hombre tiene, en principio, capacidad de conocimiento para llegar más allá de realidades detectables por los sentidos. Está dotado de la facultad del pensamiento y puede llegar a conclusiones a través de la abstracción y el razonamiento. Otra cosa bien distinta es que Dios sea un dato experimental y cuantificable.

Cuando el hombre se pone a reflexionar sobre lo efímero de las cosas, la precariedad de las acciones humanas, la organización y belleza del universo, el desarrollo y el progreso, la impresionante posibilidad de la inteligencia, el deseo incontenible de saber, la necesidad de contar con un principio, agente y ordenador de tanta multiforme variedad de lo que existe... Todo ello conduce a pensar honestamente en la existencia de un Principio, de un Hacedor, de Dios.

Sin embargo, Dios es mucho más que principio y consistencia de todo. Como leemos en los Hechos de los Apóstoles, «en Él vivimos, nos movemos y existimos» (17, 20). La esencia de Dios, el misterio trinitario, la providencia, que todo lo gobierna con sabiduría y amor, sobrepasa los límites de un conocimiento meramente racional, aunque haya motivos suficientes de *racionalidad*. Pero el conocimiento de Dios no afecta sólo al ámbito de la razón, sino que envuelve a la persona entera y condiciona la existencia y la conducta del hombre.

Ahora vemos en un espejo y de un modo parcial. Después conoceremos cómo somos conocidos (1 Cor. 13, 12). La inteligencia y el conocimiento se desarrollan y avanzan en campos nuevos, descubren métodos e instrumentos para la investigación... Algunos dicen que no han encontrado a Dios en sitio alguno. Ni lo van a encontrar por ese camino. Dios habita en otros *espacios* y, aunque se pueda vislumbrar su existencia desde razonamientos filosóficos, es otro el itinerario para encontrarse con Él. Si quieres llegar hasta Dios, decía san Agustín, deja que Dios vaya siempre delante.

Podemos llegar a Dios desde la contemplación de lo creado. Pero los datos de ese conocimiento no son nada más que parciales, aproximados, limitados e incompletos. Dios no puede reducirse a unos datos experimentales, aunque esas mismas realidades observables acerquen a un Ser en el que está el origen y el fundamento de todo.

El mismo lenguaje que utilizamos para hablar de Dios no puede ser más que aproximado, acomodaticio y limitado al conocimiento que tenemos de Él. Dios siempre inabarcable en su realidad completa. Invisible y presente. Todo lo sobrepasa y trasciende. Vive en todo, pero nada se identifica con Él. De Dios hablamos, pero nuestras palabras siempre quedan cortas y hasta imprecisas. Lo cual no quiere decir que no lleguemos a captar la existencia de Dios. Al contrario, es una prueba más de la existencia de Dios, pero en una grandeza y misterio que sobrepasa lo imaginado. Dios es Dios. Hasta Él podemos llegar, pero siempre quedará un camino en el que hay que avanzar.

La razón nos ha llevado al conocimiento de la existencia de Dios. En el discurso y lógica sobre lo que vemos se ha llegado a la conclusión del Principio y Señor de todo. Sin embargo, y por las limitaciones a que antes nos referíamos, se hecha de menos una ciencia más abierta, que no tenga lindes y horizontes, que busque la totalidad, que no se autolimite con métodos excluyentes. Ni una espiritualidad sin alma ni una ecología sin creación ni una mística sin Dios.

Maltratada por la cultura de la posmodernidad, la razón dejó paso al gusto y al sentimiento. Lo que agrada existe y vale. De la diosa razón se pasó a la autoidolatría. Tiene, la razón, una gran posibilidad: la de abrirse a la verdad, siempre con un horizonte que sobrepasa y que admite el encuentro con una alteridad distinta de la propia inteligencia. Muchas veces se ha hablado de la necesidad de la «honestidad intelectual» que permanece siempre abierta a conocimientos nuevos y quiere ser consecuente con ellos.

Desmitificar el conocimiento científico no es minusvalorarlo, sino ponerlo en su sitio y concederle todo el valor que tiene, pero un instrumento, como es la razón, tiene su limitación en el objeto que estudia. Dios mismo es la razón de su mismo ser de Dios. La fe es una forma de conocimiento, del saber sobre Dios. No sólo no anula la inteligencia sino que la fe está reclamando el concurso de las mejores facultades intelectuales del hombre para ayudarle a conocer la verdad completa. La fe no es un obstáculo para el científico, sino una luz más, distinta y nueva, en su trabajo de investigación. Si el conocimiento de Dios pasa por la inteligencia, también la razón tiene que dejarse ayudar de Dios. Fe e inteligencia no sólo no son incompatibles, sino que encuentran su unidad en el hombre, en la persona. Y en una persona, Jesucristo, Dios se ha manifestado y puede ser conocido por el hombre.

La unidad viene de Dios y claramente manifestada en el hombre y en el mundo, que tienen el mismo origen. Fe y razón son gracia y facultad que tienen su punto de convergencia tanto en el principio como en el objetivo final, aunque sus caminos de expresión, método e iluminación sean diferentes. Cuando aparece el posible desacuerdo entre la fe y la ciencia en seguida hay que ponerse a investigar, a estudiar, a contemplar sinceramente la palabra de Dios. Esa discrepancia es una llamada de atención que indica la necesidad de seguir trabajando en el conocimiento de la verdad. No puede haber incompatibilidad. Nuestros datos son parciales. Nuestro conocimiento todavía limitado. Habrá que ayudarse de esa posibilidad, siempre inagotable, que tiene el hombre para trascenderse a sí mismo, para situarse en una esfera de conocimiento nuevo.

Que sean compatibles fe y razón no quiere decir ni que la primera pierda su carácter de certeza ni que la razón tenga que renunciar a la búsqueda permanente, a la hipótesis científica, a poner en cuestión los conocimientos que hasta el momento se tienen. Ni la fe ni la razón van a renunciar a su justa autonomía ni tampoco a la posibilidad de la convergencia. La luz de la revelación es tan propia del hombre como lo puede ser la experimentación sensible. No porque se confundan, sino porque el hombre tiene sobrada capacidad para recibir una y otra forma de acercarse a la verdad.

El conocimiento de Dios reclama el trabajo del pensamiento. La razón, por su parte, no puede renunciar a cualquier camino que le ayude a encontrar la verificación de sus hipótesis. Aquí entran en juego una serie de actitudes fundamentales en aquel que quiera aprender el oficio del conocimiento de la verdad. No basta disponer de una gran capacidad intelectual. Hace falta ser persona completa, íntegra, intelectualmente honesta, ajena al prejuicio, respetuosa a las opiniones ajenas, abierta a la posibilidad del conocimiento por el camino de la revelación, de la vivencia religiosa.

Uno de los grandes inconvenientes para la relación fe y razón es la falta de diálogo, la incomunicación entre el teólogo y el científico. En el mejor de los casos se conocen, recíprocamente, datos y conclusiones, pero no se ha discutido sobre motivaciones y posibilidades, sobre formas de conocimiento y la gracia de Dios con la que debe siempre contar el creyente. Porque si se llega a la afirmación de la verdad sobre Dios, el asentimiento no va a apoyarse en que los razonamientos sean inteligibles y consecuentes, sino en la aceptación de Dios y de su palabra como única garantía de la verdad completa. La inteligencia, el pensamiento, la credibilidad humana de los argumentos ha servido de ayuda para disponerse a recibir con actitud humilde lo que solamente puede venir de Dios.

«Por esto, el hombre necesita ser iluminado por la revelación de Dios, no solamente acerca de lo que supera su entendimiento sino también sobre las verdades religiosas y morales que de suyo no son inaccesibles a la razón, a fin de que puedan ser, en el estado actual del género humano, conocidas de todos sin dificultad, con una certeza firme y sin mezcla de error... Sin esta capacidad, el hombre no podría acoger la revelación de Dios. El hombre tiene esta capacidad porque ha sido creado "a imagen de Dios"» (*Catecismo,* 38, 36).

33. ¿Puede haber dogmas en un mundo dominado por la ciencia y por la técnica?

Lo que Cristo nos enseñó y lo que hemos recibido de los apóstoles es lo que constituye el contenido de nuestra fe. Nada hay de añadido por cuenta de la Iglesia a la palabra revelada de Dios. Los dogmas, verdades para creer, son la interpretación auténtica e infalible de esa doctrina recibida. Si el magisterio de la Iglesia hace una declaración dogmática —para creer—, ese acto lo realiza en virtud de la autoridad recibida de Cristo.

Los dogmas se proponen como garantía para la unidad de la fe. Es obligación de la Iglesia el permanecer siempre fiel a la voluntad de su Señor y Fundador. Por eso mismo debe velar continuamente por la pureza de la doctrina y la rectitud de la conducta. Tu palabra es lámpara para mis pasos y luz para el sendero, dice la Escritura. Los dogmas son como voz que se proclama desde lo alto para que todos oigan y guarden en fidelidad lo que se les ha enseñado, se mantengan en la unidad de la fe, reciban la autoridad de Cristo-Maestro que asiste a la Iglesia. Unas veces, esa voz de la Iglesia llega en declaraciones solemnes, otras en el magisterio ordinario. Siempre con carácter de universalidad y obligación de acatamiento.

Este magisterio dogmático de la Iglesia tiene su propio manantial de inspiración y de conocimiento: la revelación y la asistencia del Espíritu Santo. Distinto al de la ciencia y al de la técnica. Lo cual no quiere decir que no se esté atento a lo que las ciencias humanas puedan aportar para el mejor conocimiento de las realidades de este mundo. Los dogmas no son un obstáculo para la investigación y el conocimiento de la verdad, sino una ayuda para que ese trabajo de la inteligencia no pierda el horizonte y deje de aprovechar la luz que se le ofrece.

Por otra parte, los dogmas no son algo irracional, absurdo, sino perfectamente razonable, siempre teniendo en cuenta que la Iglesia llega a la verdad no como resultado de una investigación experimental y positiva sino por el conocimiento y el desarrollo de la fe. Cuando el razonamiento humano ha terminado su trabajo y cometido, la fe sigue avanzando y proporcionando al hombre nuevos motivos para continuar en sus investigaciones. En un mundo dominado por la ciencia y por la técnica es de apreciar que haya un clamor de libertad para aceptar que haya también otros caminos de conocimiento y de ayuda en la realización completa del hombre como persona racional.

Son dogmas todas aquellas verdades que se proponen en el credo, las que la Iglesia ha sancionado en los concilios ecuménicos. Otros dogmas han sido expuestos en un acto doctrinal y solemne. Así lo hizo el papa Pío XI declarando dogma de fe la Concepción Inmaculada de la Virgen María, y el papa Pío XII, la Asunción de la Virgen María en cuerpo y alma al cielo.

34. ¿Creó Dios el mundo?

La hipótesis sobre la expansión de partículas cuánticas, conocida como big bang, hizo que no pocos científicos se acercaran a la tesis creacionista del universo. El cosmos tenía una fecha de nacimiento y en ese origen había intervenido una *causa* desconocida. La hipótesis del big bang dejaba muchas cuestiones sin resolver. Por otra parte, la ciencia tiene su propio campo y no querrá salirse de ese ámbito positivo y cuantificable.

No han sido pocas las teorías y las fantasías sobre la creación del universo, desde el panteísmo absoluto (todo es Dios) hasta el materialismo más radical con la negación de Dios, pasando por mitos e hipótesis diversos. El interés de la ciencia por estudiar el origen del universo ha propiciado un acercamiento científico a las tesis creacionistas. La evolución y desarrollo del cosmos no sólo no es una dificultad para aceptar la creación de la nada sino que consolida esa verdad de la dimensión progresiva y de perfección de todo lo existente.

Dios lo ha creado todo de la nada. El universo proviene de una voluntad libre y de un amor comunicativo del Todopoderoso. Ni se debe al azar ni a la irrefrenable necesidad de energías preexistentes. Dios es el principio y la razón de todas las cosas. Todo ha sido creado por Dios y Él es quien garantiza el fundamento del cosmos. La huella de Dios ha quedado marcada en la creación. En la criatura racional, esa marca de Dios es aptitud de comunicación con el Creador.

Aunque pueda haber razones científicas que avalen la creación de la nada, el conocimiento que tenemos sobre el origen del universo nos ha llegado por la revelación del mismo Dios. El inmenso amor del Misericordioso comienza, en el momento de la creación, la obra salvadora que culminará en la redención realizada por Jesucristo: la pascua de la nueva creación.

En la acción creadora de Dios se encuentra la respuesta a las grandes preguntas que se hace el hombre sobre el origen y el final de su existencia. De Dios venimos y hacia Él nos encaminamos en nuestro peregrinar por la tierra. Mientras caminamos por el mundo, lo más importante no es saber el día y el modo como comenzó el mundo o cuándo terminará, sino el sentido y valor que tienen las cosas y la dimensión de trascendencia y relación con Dios.

35. ¿Existen huellas de Dios en el mundo?

Ese rastreo de las huellas de Dios en el mundo podía hacerse de varias maneras. Buscando lo inexplicable y llegando a la conclusión de que Dios puso su mano en ello. Otro camino es el de la adoración y reconocimiento del amor que Dios ha derramado en todo lo creado.

No hace falta decir que el ateísmo niega cualquier posibilidad de encontrar un vestigio de Dios en lo evidente de la experiencia sensible. Pero lo que se tiene entre las manos no se puede negar. Cuando menos es una huella de algo que existe con anterioridad. Un humanismo culturalista intentó desprenderse de cualquier referencia religiosa. Al final, el hombre se encontraba perdido en un universo sin sentido, sin origen ni final. El hombre quedaba encerrado en sí mismo.

La tragedia de la existencia del mal en el mundo conducía a la negación de Dios. Lo cual no podía ser más inconsecuente, pues dentro de ese disgusto por el mal está implícito, por lo menos como idea, el deseo de bien en toda su perfección. Finalmente, para otros, existe Dios y lo ha creado todo, pero todo lo ha abandonado, ni le interesa ni interviene en el mundo.

Aunque la creación entera es un himno al creador, sin embargo es el hombre la mejor y más clara huella de Dios en el mundo. «Con su apertura a la verdad y a la belleza, con su sentido del bien moral, con su libertad y la voz de su conciencia, con su aspiración al infinito y a la dicha, el hombre se interroga sobre la existencia de Dios» (*Catecismo,* 33).

Lo más cercano y parecido a Dios es el hombre. Aunque tantas veces da la sensación de que ha perdido la «imagen y semejanza» con su creador. Este hombre, que puede conocer a Dios, encuentra vestigios de lo trascendente por donde pasa. Pero necesita la luz nueva de la revelación, de la fe, para que su conocimiento sea completo. Lo creado es una huella, pero no es Dios. Cristo es el arquetipo y modelo del verdadero hombre y realiza finalmente la semejanza divina intentada con la creación.

La inteligencia es como una luz, sutil y penetrante —ahora pondríamos la comparación con el láser o con la fibra óptica—, capaz de llegar no sólo al conocimiento de las cosas sino a traspasar las fronteras de lo inmediato, del tiempo, de la realidad de uno mismo. Esta admirable cualidad, propia del hombre, hace pensar en una inteligencia siempre superior capaz de poner en la persona humana tales posibilidades. El hombre tiene *algo* que le pone muy cerca de Dios. En el diálogo consigo mismo y con el mundo se encuentra con la verdad, la belleza, la bondad, la inteligencia, el progreso, la esperanza. Y se admira y se pregunta por el origen y la razón final. Todo habla, en un lenguaje nuevo, de una relación con Dios.

36. ¿Cuando la ciencia explique todo, quedará posibilidad para la fe?

Con los mismos argumentos de probabilismo se podría presentar la cuestión de esta manera: ¿Cuando la fe lo explique todo, quedará posibilidad para la ciencia? En estas preguntas se parte de un equivocado concepto de ciencia y de fe y de una necesaria incompatibilidad entre una y otra. Los métodos son diferentes, también los objetivos. Pero no puede absolutizarse de tal manera el valor de la ciencia de forma que excluya el acercamiento a cualquier otra realidad.

Se habla, de todos modos, de una posibilidad inalcanzable. ¡Cuando la ciencia lo explique todo! Es decir, nunca. Siempre habrá algún objetivo por alcanzar, alguna razón que saber, algún deseo que colmar. Una cosa es que la ciencia ayude a conocer la realidad del cosmos y otra es que afirme rotundamente que nada hay fuera de ese universo objeto de su investigación.

El diálogo de la fe con el mundo tiene siempre un sentido religioso. La revelación bíblica no se preocupa tanto de decir cómo es el mundo como de ayudar al hombre para que pueda acercarse a Dios. Los relatos no son tratados de astronomía o de medicina (Josué y el sol, Tobías y la curación de la ceguera) sino de la relación de los hombres con Dios, y la manera de orientar el comportamiento en referencia a la manifestación de la voluntad de Dios.

Los motivos de credibilidad que puede tener la verdad de fe no son nunca las conclusiones de una argumentación meramente racional, sino señales, acontecimientos que ayudan al acercamiento a Dios, a la racionalidad —que no explicación simplemente humana— de aquello que se está viendo:

los milagros, la realización de las profecías, la resurrección de Jesucristo, la historia de la Iglesia, la virtud de los santos....

Dios es creíble y en Él se apoya siempre cualquier motivo de credibilidad; es decir, de esa capacidad del hombre para poder atisbar lo que existe más allá de aquello a lo que se puede llegar por simple observación natural. Razón de credibilidad, en el grado máximo al que podemos llegar, es la persona de Jesucristo y todo el misterio que su vida, doctrina, muerte, resurrección y ascensión a los cielos representa. Creer todo lo que ha dicho y creer en Él como Hijo de Dios.

37. ¿Admite la Iglesia sin reservas el evolucionismo?

La creación parte de la nada. Desde ese principio, Dios va haciendo todas las cosas y de manera diferente, pues al ser humano lo hizo a imagen suya y le dio facultades y potestad que no tenían otros seres.

Creación y evolucionismo no sólo no son excluyentes o contradictorios sino que refuerzan la tesis creacionista, pues dan a la acción de Dios una continuidad y un perfeccionamiento muy de acuerdo con la voluntad libre del mismo Dios.

Ha pasado el tiempo en el que la ciencia parecía empeñada en una campaña de desprestigio de Dios y de lo religioso y en la que no había más posible bandera científica que la del ateísmo. La ciencia busca la veracidad de los datos. Y la busca por sus propios y legítimos caminos. La Iglesia recibe esos datos y los valora. En nada contradicen la fe. Al contrario, la avalan y le proporcionan motivos de credibilidad.

Aunque con algunas matizaciones de diferencia, evolución, desarrollo y progreso son algo muy propio de los seres vivos y siempre en un sentido de irreversibilidad, es decir, que no hay tendencia a retroceder en su proceso. Aunque pueda haber casos de involución y desarrollo regresivo por deterioro biológico. En principio, la evolución es la tendencia a conseguir una configuración y un estado más perfectos.

Un evolucionismo relacionado con el desarrollo del hombre es perfectamente compatible con la fe, siempre que se admita sin reservas la intervención de Dios y que esa evolución se refiera únicamente al componente somático, al cuerpo del hombre. El principio espiritual constituye algo específicamente nuevo, en forma alguna derivado de la evolución de la materia. Que existiera algo, barro o viviente, que fuera evolucionando y desarrollándose es perfectamente admisible. Pero Dios está siempre presente directa e inmediatamente, pone el espíritu y esa criatura comienza a ser algo completamente distinto: Dios ha creado al hombre *ex limo terrae,* de algo que había en la tierra.

Por tanto, la creación es siempre obra de la voluntad creadora y amorosa de Dios, quien puede hacer que las cosas tengan su propio dinamismo de desarrollo y perfección. En la creación del hombre hay una intervención directa y especial de Dios que otorga a la persona esa dimensión espiritual completamente nueva y diferente.

«Por todas estas razones, el magisterio de la Iglesia no prohíbe que —según el estado actual de las ciencias y de la teología— en las investigaciones y disputas, entre los hombres más competentes de entrambos campos, sea objeto de estudio la doctrina del evolucionismo, en cuanto busca el origen del cuerpo humano en una materia viva preexistente, pero la fe católica manda defender que las almas son creadas inmediatamente por Dios» (Pío XII, *Humani Generis,* 29).

V. LA MORAL CATÓLICA, SUS RAZONES Y PORQUÉS

38. ¿Existen sólo diez mandamientos?

El primer mandamiento que aparece en la Biblia es el del trabajo. Se lo impuso Dios a Adán en el paraíso cuando le mandó que cultivara la tierra. Jesucristo nos dice que Él no había venido para abolir la ley sino para cumplirla. Pero, al mismo tiempo, la amplía y da una dimensión nueva a los mandatos de Dios. No matarás, ni tampoco harás vejación de tu hermano. Se rechazó el adulterio, pero también ha de condenarse el escándalo...

Los mandamientos, el decálogo, son el conjunto de preceptos fundamentales en la alianza que Dios hace con su pueblo. En la tradición de la Iglesia se ha mantenido el número de diez, pues se considera que cualquier otro precepto queda incluido o, en alguna manera, se deduce del decálogo.

Tenemos también los mandamientos de la Iglesia, como preceptos que ayudan al acercamiento a Dios en la oración, en la celebración de los sacramentos y el ejercicio de la caridad: participar en la eucaristía, confesión de los pecados, recibir la comunión, el ayuno, contribuir a las necesidades materiales de la Iglesia.

En los mandamientos, lo importante no es el número, sino la orientación que se ofrece para que el hombre sea fiel a Dios. La unidad del decálogo es su mismo contenido de amor a Dios y al prójimo. Cristo no suprime los mandamientos, quiere que se cumplan con verdadero espíritu evangélico: lo fundamental de la nueva ley es el amor.

39. ¿Considera la Iglesia que todavía existe pecado en una sociedad donde todo es excusable? ¿Se puede hablar todavía de pecado de escándalo en una civilización ya cansada de todo?

Para qué negar lo evidente. Ahí está la violencia, la injusticia, la vejación de los derechos más elementales de las personas, la blasfemia contra Dios, el aborto, la corrupción, la falsedad... Hacer mal «a los ojos de Dios», como dice la Escritura.

No es una exclusiva de la fe católica. El sentido del pecado es algo presente en casi todas las religiones. Siempre se refiere a una acción libre que aleja al hombre del camino del bien objetivo. Con el pecado, el hombre se hace mal a sí mismo y a los demás. Se ofende a Dios porque no se respetan los derechos que Él tiene sobre sus hijos. Unas veces, en la revelación, el pecado aparece como infidelidad a un pacto de alianza establecida con Dios: tú serás mi pueblo y yo seré tu Dios. Otras veces se presenta como idolatría, buscando gozo y amparo en las cosas y dándoles un valor casi de «opción fundamental». Aunque no se manifieste de una manera explícita, el pecado es siempre un rechazo y alejamiento de Dios, de su ley y voluntad.

No se puede prescindir de la visión del pecado bajo el aspecto religioso, tal como aparece en la Biblia; sin embargo, tampoco se puede separar de unos elementos que afectan a la realidad más profunda de la persona. Pensemos en la falta de lealtad entre los convencimientos proporcionados por la luz de la razón y la conducta; la exclusión de cualquier referencia a una conciencia ética; el egoísmo, la vejación de las personas.... De alguna manera tendríamos que reconocer la existencia de un «pecado civil»: todo aquello que va contra la conciencia, contra el hombre, contra la razón.

Una lista de pecados de nuestra época: «Cuanto atenta contra la vida —homicidios de cualquier clase, genocidios, aborto, eutanasia y el mismo suicidio deliberado—; cuanto viola la integridad de la persona humana, como, por ejemplo, las mutilaciones, las torturas morales o físicas, los conatos sistemáticos para dominar la mente ajena; cuanto ofende a la dignidad humana, como son las condiciones infrahumanas de vida, las detenciones arbitrarias, las deportaciones, la esclavitud, la prostitución, la trata de blancas y de jóvenes; o las condiciones laborales degradantes, que reducen al operario al rango de mero instrumento de lucro, sin respeto a la libertad y a la responsabilidad de la persona humana: todas estas prácticas y otras parecidas son en sí mismas infamantes, degradan la civilización humana, deshonran más a sus autores que a sus víctimas y son totalmente contrarias al honor debido al Creador» (*GS,* 27).

El pecado llama y arrastra y se crea una actitud permanente de indiferencia al bien y de extraño gusto por el mal. La persona llega a creerse autosuficiente, como señor y dueño de vida y haciendas propias y ajenas. Lo que le gusta, vale. Los demás no importan. Tampoco la conciencia y, por supuesto, nada que se refiera a Dios.

Mucho se ha hablado de la pérdida del sentido

del pecado, de la falta de relación con la conciencia, del remordimiento, de la necesidad de reconciliación con Dios. Una cosa es que se anuncie la muerte de Dios y otra cosa es que uno lo haya matado en su propia conciencia. La ausencia de valores religiosos, de la referencia a Dios, de la confesión de la fe en un Dios vivo, la negación de una voluntad y una ley de Dios, la secularización, en resumen, provoca, como no podía ser de otra manera, esa falta de valoración moral de la conducta del hombre. A lo más, hay una conciencia difusa, ambigua, partidista. Es bueno lo libre, lo que apetece, lo que está en consonancia con una ideología subyacente. Dios ha quedado sustituido por el compromiso personal de lealtad a unos proyectos, no siempre coincidentes con los de Dios.

Del escándalo sí que se habla. Pero cada cual lo atribuye caprichosamente a lo que quiere. Unos se escandalizan de que haya personas sin fe. Otros, de la poca fe que tienen los que creen. Cuando se habla de escándalo no hay que pensar tanto en el grado de sorpresa y estupor que puede causar en los demás, sino en la provocación del mal que unas determinadas acciones pueden ocasionar. Así, por ejemplo, la permisividad moral, la despenalización de los delitos, que inducen a pensar que todo vale, que el ejercicio de la libertad es la norma suprema de la conducta.

Se habla del escándalo de la separación entre la fe y la vida, del comercio de armas, de la especulación, de las minas antipersonales, del genocidio, de la agresión a la vida en cualquiera de sus fases (aborto, eutanasia), de la desunión entre las Iglesias cristianas...

¡Ya no escandaliza nada! Una cosa es que la relativización de hechos y conductas haya paliado el estupor y otra que no exista la provocación del mal. Alguno puede tropezar (escándalo = tropiezo) con el señuelo estadístico o la permisividad legal y pensar que lo que hace la mayoría tiene razón de ley o, por lo menos, no será tan malo cuando muchos lo hacen y se permite que lo hagan. Escándalo no porque haya sorprendido, sino porque es invitación a repetir el mal, a cometer el pecado.

Existe, por otra parte, un raro sentido de la indulgencia y se ofrece generosamente como equívoco aval de respeto a lo que hacen los demás. Una cosa es que se respete a la persona y otra es que su conducta sea digna de respeto. No se puede matar al asesino, pero tampoco aplaudir el asesinato.

Existe el pecado y se puede hablar del pecado de escándalo. Del «hacer mal a los ojos de Dios» y del provocar a la realización de acciones contra Dios y contra los hombres.

40. ¿Sigue existiendo el pecado original o es más bien un mito de la primera pareja humana?

Cuando algunos pretendidos maestros no se atreven a hablar de Adán y Eva resulta que los científicos afirman que la humanidad actual viene toda de una única pareja. Primero llegaron a la conclusión de que de una única mujer y posteriormente también que de un único hombre.

Que el hombre tenga necesidad de ayuda, de salvación y del favor y gracia de Dios es algo de lo que no se puede dudar como creyentes. El pecado es una dolorosa realidad en el mundo, en la historia de la humanidad, en la conciencia de los hombres, en la relación personal con Dios. Es un *fenómeno* universal de todas las épocas y que afecta a todas las personas. Inclinación al mal, desencuentro con Dios, vagando sin sentido por el mundo, lo incomprensible de la muerte... A todos alcanza. Y desde siempre.

¿Qué ha sucedido en los días primeros del hombre? ¿Por qué esta presencia del mal? Preguntas difíciles de contestar. San Pablo habla del «misterio de la iniquidad». También el mal y el pecado tienen sus secretos. De lo que no cabe duda es de la inseparable conexión entre la culpa, el mal de origen y la redención de Cristo. Si el hombre quiso hacerse como Dios, el Verbo de Dios se hace hombre para redimirnos del pecado.

Lo de Adán a él pertenece. Y si mal hizo, que sea Adán quien sufra pena y castigo. Este argumento, tan lógico como insolidario, tiene inmediatamente una respuesta. Lo de Adán a él pertenece. Nada entonces se te dio a ti. Todo comenzaba y terminaba en él. Nada se te ha dado y nada se te ha quitado. Pero la revelación nos habla de otro modo. De la unidad de toda la familia humana en Adán, de una misteriosa solidaridad entre todos. «Como el delito de uno solo atrajo sobre todos los hombres la condenación, así también la obra de justicia de uno solo procurará a todos una justificación que da la vida» (Rom. 5, 18). Cristo es el nuevo Adán, el Redentor.

«La doctrina del pecado original es, por así decirlo, "el reverso" de la Buena Nueva de que Jesús es el Salvador de todos los hombres, que todos necesitan salvación y que la salvación es ofrecida a todos gracias a Cristo. La Iglesia, que tiene el sentido de Cristo, sabe bien que no se puede lesionar la revelación del pecado original sin atentar contra el Misterio de Cristo» (*Catecismo,* 389). Así, desde esta perspectiva de Cristo y de la salvación es como hay que hacer la reflexión sobre el pecado original. No podemos vivir sin la gracia que nos viene en abundancia de la redención efectuada por Jesucristo.

41. ¿Se puede establecer una escala de pecados? ¿Mucha gente opina que es más grave pecar contra la caridad que contra la castidad?

Hemos oído hablar de pecados capitales, de pecados que claman al cielo, los pecados contra el Espíritu Santo. Es una manera de significar la especial gravedad que puede tener una falta, las consecuencias que acarrea una determinada conducta moral o las consecuencias sociales de comportamientos personales contrarios al evangelio. Son las llamadas «estructuras de pecado».

De la variedad y distinción de los pecados se habla en la Escritura y en los más recientes documentos del magisterio, pasando por las clasificaciones que hicieran teólogos y moralistas: original, actual, mortal, venial, material y formal, individual, social, de pensamiento, de obra, de palabra, de comisión, de omisión... Todo ello está indicando que, efectivamente, hay una escala de valores evangélicos y humanos y, en consecuencia, de pecados. No tiene la misma gravedad el rechazo de Dios, el alejamiento de la «opción fundamental», que la transgresión de un precepto de la Iglesia; de lo que destruye la relación con Dios y de lo que solamente distancia y enfría ese encuentro con el Señor; de lo que se hace a plena conciencia y de lo que está condicionado por un estado emocional o de necesidad.

Con frecuencia, los criterios de valoración moral del pecado están influidos por actitudes subjetivas, circunstancias particulares, permisividad legal, relajamiento de las costumbres, esquemas culturales, datos estadísticos, etc. Naturalmente, los juicios sobre la moralidad de los comportamientos de la persona tienen otras fuentes de inspiración: el evangelio y la enseñanza de la Iglesia. La conciencia buscará la luz que necesita en el amor que Dios ha puesto en el corazón de los hombres.

El pecado siempre es una ofensa a la caridad, al amor debido a Dios, a los demás, a uno mismo. Es muy difícil separar la relación con Dios y con los hijos de Dios. El pecado no es sólo transgresión de la ley divina, sino ofensa al legislador y a los beneficiarios de esa ley. La gravedad se mide, sobre todo, por la vulneración del amor, de la caridad, y la malicia que conscientemente se pone en el desprecio de Dios y en el deseo de hacer el mal.

Es una gran falacia el contraponer la caridad y la castidad. Los pecados contra la castidad llevan, frecuentemente, una gran falta de caridad contra los demás y contra uno mismo. En no pocas ocasiones lesionan la misma justicia y los derechos que asisten a otras personas. Pensemos, por ejemplo, en la violación o en el adulterio.

42. ¿Por qué la Iglesia quiere imponer sus ideas sobre el aborto?

Cuando la Iglesia habla del comportamiento humano no se limita a dar unas normas extrínsecas, sino que habla de conciencia moral y de espiritualidad. La conciencia moral no procede de un mero raciocinio, sino que es la consecuencia de los convencimientos de la fe. La espiritualidad mira la relación personal con Dios teniendo como base esas mismas verdades de la fe. La Iglesia tiene obligación no sólo de mantener su doctrina sino también de anunciarla a todos los que la quieran oír.

Se suele invocar la libertad de la madre para decidir acerca del nacimiento de su hijo. De la libertad hay que destacar su grandeza y dignidad, pero no se debe olvidar tampoco su riesgo y sus limitaciones. Estamos ahora muy sensibilizados con el tema de la libertad individual, que en su parte más noble está constituida por la libertad de la conciencia, pero sin que siempre se llegue a advertir que ésta es una culminación a la que se llega con mucha dificultad. Para que se dé libertad verdadera es necesario que se haya adquirido un cierto conocimiento de los verdaderos bienes del individuo y de la humanidad y que se encuentre uno en las condiciones espirituales adecuadas para elegir y tender hacia ellos con sus actos. Esto es demasiado alto como para suponer que quienes sin más apelan a la libertad de conciencia sepan de verdad su alcance cuando apelan a ella.

Por mucho que nos lo propusiéramos no llegaríamos nunca a ser seres totalmente desligados de los demás. Aunque uno se quisiera declarar independiente, mientras viva en sociedad, ésta le impondrá sus leyes y sus obligaciones. Y jamás se le reconocerá a nadie que viva fuera de toda sociedad. Esto nos está indicando que de ninguna de las maneras se nos reconocería la independencia, aunque no estemos conformes con la sociedad en que vivimos. Lo más que se nos permitiría es el esfuerzo por cambiarla. En la raíz de esta dependencia mutua está el hecho de que los seres vivos procedemos unos de otros y que quedamos religados por este hecho.

Querer mantener, después de que se ha desencadenado una nueva vida en el cuerpo de una persona, que es donde únicamente tiene posibilidad de realizarse, que no tiene nada que ver con ella y que la quiere destruir por el motivo que sea es una aberración. Los humanos tenemos que ver todos unos con otros, e infinitamente más la persona engendrante con la nueva vida que en ella se ha engendrado. Como la libertad de uno está limitada por el derecho de los demás no hay limitación mayor que la que el nuevo hijo le impone a la madre, puesto que antes de nacer, desde el primer momento de la gestación, la domina físicamente y después de nacer también sentimentalmente. Por eso resulta tan horrible esa pretensión de no querer tener nada que ver con esa nueva vida.

El aborto siempre se ha dado. Con el reconocimiento de las libertades, hay grupos que quieren que también este hecho sea reconocido como uno de los derechos incluidos en el de la libertad. Esto proviene del hedonismo de la sociedad moderna y la pretensión de la libertad absoluta. A la Iglesia no le resultará nunca extraño el estar sola en cualquier frente, puesto que su mensaje lo tiene que anunciar siempre en solitario y no puede renunciar nunca a él, aunque el número de los que lo admitieran disminuyera alarmantemente. Es necesario que, desde la firmeza de la doctrina católica, la postura de quienes la defendemos sea siempre coherente con el espíritu evangélico. Valentía y sencillez. Fuertes en los convencimientos, en la exposición clara de la verdad en la que creemos, pero buscando siempre el mejor camino de la comprensión, de la ayuda, del diálogo.

Nadie puede asumir la propiedad de una vida que no le pertenece. La persona tiene su autonomía y nunca puede declinar el derecho de decisión sobre su propia vida. El hijo vive en el vientre de la madre. Pero la madre no es propietaria radical de la vida de su hijo, de la que pueda hacer y deshacer a su capricho, sino la servidora que la cuida y defiende. La madre nunca podrá aducir que se le ha dado licencia para eliminar al hijo que llega. Aun en el supuesto de que el hijo que viene fuera un potencial agresor del que hay que defenderse, nunca se podrán poner aquellas causas que sean desproporcionadas a la agresión. Sin embargo, a la vida del hombre se oponen, tantas veces, la comodidad o el capricho. La dependencia de la madre ha de servir para la protección del hijo. El ser concebido necesita una madre que lo ampare, que lo alimente, que lo cuide. No una madre que lo destruya. Más que medidas despenalizadoras del aborto, lo que necesita la madre es una clara y eficaz política de protección, de ayuda a su maternidad.

Si el hombre está desvalido e indefenso, es la sociedad quien tiene que defenderlo. Y no tanto con medidas coercitivas y punibles sino protectoras. Ante supuestos de necesidad, de agresiones violentas, de posibles o inevitables traumas familiares, se debe responder con una adecuada política de prevención y de ayuda. Una política positiva, no eliminatoria. Preventiva y responsable, no evasiva; progresista, no reaccionaria y totalitarista en la que lo fuerte y dominante aniquila a lo débil, a lo deforme, a lo no querido.

El progreso es protección y ayuda al hombre, no su destrucción. Es horrible pensar, como se ha escrito, que el lugar más peligroso para la vida del hijo sea el vientre de su madre. El aborto libre, que terminaría por estar facilitado con medios estatales, se convertiría en algo totalmente caprichoso, lo que casi supone decir que la generación y el nuevo ser tiene tan poca importancia, es algo tan baladí, que se puede dejar al libre capricho de cualquiera.

Despenalizar no es legalizar. Y aunque fuera legal no quiere decir que sea ético, que sea moral, que sea bueno. Simplemente indicaría que la ley lo permite. La ley es el ordenamiento de la razón para el bien común. Aunque le quisiera dar categoría de ley, no lo es porque ahí no anda la razón orientando y contribuyendo al bien común. Pero no siempre las leyes de los hombres contribuyen al bien. La despenalización del aborto en algunos supuestos se ha presentado como una camuflada legalización del aborto. La interrupción del embarazo como un extraño derecho de la madre.

La doctrina de la Iglesia es muy clara: «La vida humana debe ser respetada y protegida de manera absoluta desde el momento de la concepción. Desde el primer momento de su existencia, el ser humano debe ver reconocidos los derechos de la persona, entre los cuales está el derecho inviolable de todo ser inocente a la vida. La cooperación formal a un aborto constituye una falta grave. La Iglesia sanciona con pena canónica de excomunión este delito contra la vida humana. Quien procura el aborto, si éste se produce, incurre en excomunión [...] Con esto, la Iglesia no pretende restringir el ámbito de la misericordia; lo que hace es manifestar la gravedad del crimen cometido, el daño irreparable causado al inocente a quien se da muerte, a sus padres y a toda la sociedad» (*Catecismo,* 2 270 y 2 272).

43. ¿Es errónea la libertad sexual cuando ha logrado sacar de las sombras un tema a veces hipócritamente callado? ¿Cuál debe ser la actitud de un cristiano ante el sexo?

Al estar la sexualidad tan unida a algo tan esencial de la persona humana como es el propio desarrollo y las relaciones con los demás no es extraño que todo lo relacionado con el sexo tenga interés, tanto para exaltarlo hasta límites de una libertad sin reserva alguna como para considerarlo como algo que pertenece a la más estricta intimidad y de lo que ni se debe hablar ni tratar de educar.

Ni es un tema circunstancial ni propio y exclusivo de una etapa de la vida. La sexualidad es un comportamiento de la personalidad que acompaña al individuo durante toda la existencia, aunque haya momentos en los que la sexualidad pueda presentar unos motivos particulares de interés que van a repercutir en motivaciones, actitudes, valores morales, relaciones con Dios, alejamiento de los sacramentos y de la Iglesia, desconfianza de los padres, sentido de desgana de la vida...

Se comprende que el sexo ni puede reducirse a una mera cuestión biológica, hormonal, ni quedar enmarcado en lo estrictamente individual. Incide en toda la persona y con unas repercusiones sociales incuestionables. La libertad sexual no exime de responsabilidad personal y social. Exige, en cambio, una adecuada formación humana, moral y sexual.

En la tendencia a la relación con otra persona hay ya una cualidad esencial de la sexualidad, y es la de la dimensión afectiva, que tiene su plena realización en la procreación. La complementariedad y diferencia de los sexos es un gran valor de la creación, el hombre y la mujer tienen una recíproca capacidad de amarse, de apoyarse mutuamente, de comunicar y extender su vida más allá de ellos mismos.

En muchas ocasiones da la impresión de que lo que ha salido de las sombras no es el auténtico valor y la libertad, sino la cara menos humana y digna del sexo, confundiendo lo que causa placer con el bien moral y poniendo en el primer puesto de la escala de valores el egoísmo: lo que me apetece, vale.

Una ley civil permisiva no siempre es la más justa y la que mejor puede contribuir al bien común de la sociedad. Es muy fácil caer en la demagogia, con el capcioso argumento de considerar a la persona como dueña, señora y propietaria de todo lo suyo, sin considerar las repercusiones que puede tener respecto a los derechos de los demás. Argumentos tan falaces como los de que con mi cuerpo hago lo que quiero, la vida es mía, nadie puede decirme lo que tengo que hacer...

La actitud de un cristiano ante el sexo no puede ser otra que la de una valoración positiva. Es un don que Dios regala para el bien del hombre. En este abierto sentido de aceptación del sexo como un bien el primer paso a dar es conocer de lo que se trata, saber de sus valores y limitaciones. Es lo que conocemos como educación sexual. Y, como cualquier proceso educativo, adecuado a la edad y mentalidad de quien ha de aprender. Se necesitarán maestros especializados, pues no sirve cualquier pedagogía, ya que se trata de algo que abarca dimensiones tan amplias de la persona que van desde los condicionamientos biológicos hasta la repercusión espiritual de la conciencia moral. Separar la educación sexual de la formación completa de la persona es el primer paso para un desequilibrio permanente en el individuo.

Esta visión personalista de la sexualidad contribuye positivamente a la educación de la libertad y de la madurez humana en sus diversos aspectos psicológicos, sociales y éticos. En forma alguna puede considerarse la madurez sexual exclusivamente desde el punto de vista biológico, como tampoco desde el plano exclusivamente individual. La dimensión interpersonal es imprescindible, así como la consideración de los demás, no como objetos utilizables sino como personas.

Nada de cuanto atañe al sexo sería comprendido en toda su profundidad humana y cristiana si se prescinde del amor, del sentido de la vida, de la procreación, de la participación en un proyecto generoso por ayudar a construir una sociedad donde la persona tenga siempre el puesto de privilegio que le corresponde y no deje arrebatárselo por ningún otro aparente valor. La sexualidad solamente tiene sentido en relación con la persona.

Al mismo tiempo que se presentan nuevos problemas e interrogantes al hombre sobre el valor y orientación de la sexualidad, también se advierte un cambio en la valoración ética de la conducta. Aparece la libertad casi como figura emblemática y mesiánica de modernidad y de progreso, así como la total autonomía respecto a cualquier referencia religiosa e incluso moral. No pocos han sido los principios fuertemente sacudidos por los grandes cambios operados en nuestra época. Parece como si el bien y el mal hayan quedado sumidos en el mar de la ambigüedad, siendo muy difícil establecer lindes y juicios morales.

Como escribía Juan Pablo II en una carta sobre el esplendor de la verdad: «No se puede ser auténticamente libre sin respetar la verdad sobre el hombre, sin tener un profundo sentido de la dignidad de la persona y del respeto debido a la conciencia, sin que ello suponga la justificación de una concepción radicalmente subjetiva del juicio moral. El hombre goza de libertad, pero solamente Dios tiene poder para decidir sobre el bien y el mal. Si los actos son intrínsecamente malos, una intención buena o determinadas circunstancias pueden atenuar su malicia, pero no pueden suprimirla» (Juan Pablo II, *Veritatis splendor (VS),* 81). Sería ingenuo pensar que se presta un servicio al hombre aguando la moral. La genuina comprensión debe significar amor al verdadero bien de la persona, a su libertad auténtica. Los mandamientos de la ley de Dios no deben ser entendidos como un límite mínimo que no hay que sobrepasar, sino como una senda abierta para hacer el bien. Los pronunciamientos de la Iglesia sobre cuestiones morales no menoscaban la libertad de la conciencia, porque esa libertad no es nunca con respecto a la verdad, sino sólo en la verdad.

44. ¿Por qué la homosexualidad es considerada por la doctrina católica como una desviación?

En los documentos de la Iglesia sobre la atención pastoral a las personas homosexuales se subraya con firmeza el principio de la dignidad de la persona humana, más allá de su condición y comportamiento. Asimismo, no deja de tenerse en cuenta la enorme complejidad —psicológica, educativa, social, biológica...— de esa misma persona, y que habrá que tener en cuenta a la hora de considerar las últimas razones de la conducta homosexual y la evaluación de la responsabilidad moral de los actos que puedan realizarse.

Suele distinguirse entre la condición o tendencia homosexual y la realización de actos homosexuales. También hay que tener en cuenta lo que es una costumbre permanente y lo que no es más que un acto homosexual aislado. Las personas con tendencia homosexual están obligadas, igual que todos los heterosexuales, a seguir el evangelio y a guardar la castidad. Una cosa es que pueda haber cierta tendencia o inclinación a la realización de un tipo de actos y otra que esos actos puedan realizarse sin un juicio moral negativo. Tema distinto es el de los posibles atenuantes que pueda haber en unos actos concretos de comportamiento muy condicionados por situaciones personales.

Son los actos, no la condición de una persona, lo que se juzga moralmente. El *Catecismo* lo expresa de esta manera: «La homosexualidad designa las relaciones entre hombres o mujeres que experimentan una atracción sexual, exclusiva o predominante, hacia personas del mismo sexo. Reviste formas muy variadas a través de los siglos y las culturas. Su origen psíquico permanece ampliamente inexplicado. Apoyándose en la Sagrada Escritura, que los presenta como depravaciones graves, la tradición ha declarado siempre que los actos homosexuales son intrínsecamente desordenados. Son contrarios a la ley natural. Cierran el acto sexual al don de la vida. No proceden de una complementariedad afectiva y sexual verdadera. No pueden recibir aprobación en ningún caso» (2 357).

Tanto en la Biblia, Antiguo y Nuevo Testamento, como en la tradición de la Iglesia se condena la conducta homosexual. De nuevo el *Catecismo*: «Un número apreciable de hombres y mujeres presentan tendencias homosexuales instintivas. No eligen su condición homosexual; ésta constituye para la mayoría de ellos una auténtica prueba. Deben ser acogidos con respeto, compasión y delicadeza. Se evitará, respecto a ellos, todo signo de discriminación injusta. Estas personas están llamadas a realizar la voluntad de Dios en su vida, y, si son cristianas, a unir al sacrificio de la cruz del Señor las dificultades que pueden encontrar a causa de su condición» (2 358).

Aunque la Iglesia considere el comportamiento, los actos, «intrínsecamente desordenados» y, cuando libremente se realizan, objeto de culpa moral, no por ello la persona homosexual debe ser discriminada en la atención pastoral.

45. ¿Qué razones de moral católica se pueden aportar en contra de la clonación humana?

La clonación, como reproducción de ejemplares idénticos, había sido experimentada en el campo tanto vegetal como animal. La gran novedad ha sido la producción asexual de individuos idénticos al donante genético. El paso a la clonación humana, es decir, a la producción de personas somáticamente idénticas al modelo que facilita el patrimonio genético, parece definitivamente abierto.

Como era de esperar, ha saltado la alarma y la controversia entre el progreso y la libertad de investigación y la garantía de la dignidad de la persona y de unos principios éticos. Son muchos los valores que se ponen en juego: paternidad y maternidad, consanguinidad, ruptura generacional, producción de copias humanas, utilización de réplicas supletorias, instrumentalización del hombre y de la mujer, elección de los más perfectos y los más aptos, individualidad, el hombre como producto industrial, discriminación...

Sea como fuere, siempre hay que dejar bien claro que la réplica no sería nunca idéntica al original personal. Se puede clonar un individuo, pero el principio de la espiritualidad de la persona, el alma, es siempre creada directamente por Dios. Aquí no cabe ni la reproducción artificial ni la clonación.

Los principios de la moral católica se oponen a que el hombre pueda ser producto de una determinada técnica y no de un acto sexual de amor entre personas. A ello hay que añadir todos los problemas que origina la manipulación genética, los abortos eugenésicos, el riesgo de reducir al hombre a simple objeto de experimentación. El cristiano, comprometido por motivos varios y a diverso nivel en el campo de la ciencia y de la técnica, como también en el ámbito médico, debe aceptar valientemente los desafíos planteados por los nuevos problemas de la bioética. Y ha de ejercitar su responsabilidad como dueño de la ciencia y de la tecnología, no como siervo de ella. Ante la perspectiva de esos retos morales, que están a punto de ser provocados por la nueva e inmensa potencia tecnológica, y que ponen en peligro no sólo los derechos fundamentales de los hombres sino la misma esencia biológica de la especie humana, es de máxima importancia que los cristianos asuman la responsabilidad de hacer volver la cultura a los principios de un auténtico humanismo, con el fin de que la promoción y la defensa de los derechos humanos puedan encontrar fundamento dinámico y seguro en la misma esencia del hombre, aquella esencia que la predicación evangélica ha revelado a los hombres (Juan Pablo II, *Christifideles laici (ChL),* 38).

46. La Iglesia habla mucho de paternidad responsable. ¿Qué entiende con ese concepto? ¿Qué métodos anticonceptivos admite la Iglesia?

Es éste uno de los problemas morales y pastorales más arduos y difíciles de tratar. Se lo considera como la cruz de los confesores y de los asesores matrimoniales. Tanto la paternidad como la maternidad no pueden comprenderse en su completo y más auténtico sentido si no es dentro de esa dimensión de un amor pleno y gratuito de recíproca donación entre los cónyuges y de éstos con su hijo. Un amor en el que nada de lo verdaderamente humano queda desplazado. Pero que tampoco puede reducirse a lo meramente biológico, emocional, olvidando la dimensión espiritual y la prolongación en una nueva vida.

La paternidad responsable hay que comprenderla dentro de esa totalidad de la persona y de sus relaciones con los demás. «Por la unión de los esposos se realiza el doble fin del matrimonio: el bien de los esposos y la transmisión de la vida. No se pueden separar estas dos significaciones o valores del matrimonio sin alterar la vida espiritual de la pareja ni comprometer los bienes del matrimonio y el porvenir de la familia. Así, el amor conyugal del hombre y de la mujer queda situado bajo la doble exigencia de la fidelidad y la fecundidad» (*Catecismo*, 2 363).

En la responsabilidad de los padres necesariamente tiene que haber todo un proceso de conocimiento recíproco y de las leyes biológicas que acompañan su vitalidad procreadora. Asimismo, una conciencia moral debidamente formada que los lleve a tomar las decisiones respecto a los hijos que deben tener.

Entramos aquí en el tema de la procreación y de los anticonceptivos. ¿Qué métodos anticonceptivos admite la Iglesia? En principio, ninguno. Ahora bien, una cosa es el anticonceptivo y otra la regulación de la natalidad por la necesidad que tengan los esposos de espaciar el nacimiento de sus hijos. El anticonceptivo es cerrar el acto matrimonial a la llegada de una nueva vida. La regulación de la natalidad, aplicando determinados métodos, es la aplicación de la inteligencia y de la responsabilidad moral a la procreación.

En no pocas ocasiones se presenta un verdadero conflicto entre la responsabilidad moral de la contracepción y la posibilidad de tener nuevos hijos. Aquí es donde los padres deben formar, delante de Dios y de su conciencia, su juicio y tomar la decisión. Para lo cual se requiere la formación de los esposos para la procreación responsable. «La ley moral los obliga de todos modos a encauzar las tendencias del instinto y de las pasiones y a respetar las leyes biológicas inscritas en sus personas. Precisamente, este respeto legitima, al servicio de la responsabilidad en la procreación, el *recurso a los métodos naturales de regulación de la fertilidad*: éstos han sido precisados cada vez mejor desde el punto de vista científico y ofrecen posibilidades concretas para adoptar decisiones en armonía con los valores morales. Una consideración honesta de los resultados alcanzados debería eliminar prejuicios todavía muy difundidos y convencer a los esposos, y también a los agentes sanitarios y sociales, de la importancia de una adecuada formación al respecto» (Juan Pablo II, *Evangelium vitae (EV),* 97). La continencia periódica, los métodos de regulación de nacimientos fundados en la autoobservación y el recurso a los períodos infecundos.

El tema de la paternidad responsable y de la contracepción tiene unas dimensiones mucho más hondas y valiosas que el de la utilización de una determinada técnica para regular el nacimiento de nuevos hijos. Importantes valores religiosos, morales, personales, conyugales, familiares y sociales están en juego, y son los padres quienes deben juzgar desde su conciencia moral y desde su fe cristiana.

47. ¿Cómo hay que plantear a los hijos la educación sexual?

Como norma general pedagógica, el amor positivo a la verdad es siempre un camino de oro en la educación. Hoy suele llamarse, esta pedagogía, la educación en valores, aunque con no poca frecuencia la escala de valores que se utiliza está trucada e incompleta por la incidencia de intereses más ideológicos que educativos. No es infrecuente que en esa escala de valores falten los religiosos y los morales.

En cuanto a la educación sexual, se requiere información y formación. Es decir, conocimiento adecuado y asimilación de valores en el contexto de la personalidad completa del hombre. El respeto a la persona y la caridad, tanto con los demás como con uno mismo, es siempre principio seguro de actuación.

Todo lo referente a la sexualidad hay que exponerlo de una manera positiva, lo cual no quiere decir permisivista, sin moral ni limitación. Es un bien que necesita de dominio de uno mismo y del respeto a los demás. Habrá que enseñar a huir de cualquier forma de egoísmo y de centrarse de tal manera en uno mismo que la utilización del sexo se convierta en obsesión permanente.

Dentro de esa actitud positiva en la educación sexual, la formación para la castidad como valor importante de la persona que asume plenamente la sexualidad como un bien, que lo sabe guardar y educar, que lo relaciona con todo el desarrollo de la personalidad individual y con el respeto debido a los demás. Tampoco se puede separar la sexualidad del amor generoso, que no se encierra en sí mismo y en su propia y única satisfacción.

La amistad es uno de los valores educativos más importantes. Abre a la comunicación con otras personas, del mismo o de otro sexo. Se aprende de la diferencia, se enriquece con los valores de la reciprocidad.

El dominio de sí mismo, no como un imperativo voluntarista sino como ejercicio de la libertad, conduce a la responsabilidad y a integrar la sexualidad dentro de la unidad de la persona que asume su condición de ser libre y responsable.

La creación de un ambiente favorable de comunicación interpersonal, de sinceridad, de apertura y apoyo recíprocos, de respeto a las normas morales, de actitudes positivas de estímulo al bien, de valoración de la prudencia asumiendo las limitaciones personales, la vigilancia para que las personas en sus condiciones de edad, formación o debilidad no reciban aquellas informaciones o vean aquellas conductas o se les infunden determinadas ideas que deforman la unidad personal o distorsionan la escala de valores en los que se cree.

Desde un punto de vista moral y religioso valen las mismas orientaciones, pero dando a la castidad el verdadero sentido de un don de Dios y de una virtud moral. La lectura de la palabra de Dios. La oración, la caridad fraterna, la participación en los sacramentos, la orientación espiritual, la sincera y auténtica devoción a la Virgen María son medios siempre válidos para la formación de la personalidad cristiana, en la que nunca hay que olvidar la acción de la gracia recibida en el bautismo.

48. Existe una corriente en Estados Unidos en favor de la castidad. ¿Sigue siendo una virtud? ¿Por qué la Iglesia se opone a las relaciones fuera de la pareja?

Aunque en diferentes culturas la castidad fue considerada como un valor apreciable, en la tradición cristiana se considera como un don de Dios al que responde la persona con una entrega incondicional de sí mismo en un amor completo a Dios y a los demás. Se valora la sexualidad y por eso mismo se ofrece un amor generoso y desinteresado. No es tanto renuncia y continencia sexual, aunque lo suponga, cuanto expresión de la gratuidad del amor, la disponibilidad de ayuda, apertura a un amor universal.

Cada uno debe responder a la llamada que Dios le hace y a las gracias que recibe. Así, distinta es la castidad que debe guardar el casado, el célibe, el consagrado. Para unos, los casados, la castidad radica en la fidelidad a su matrimonio y a la relación con la reciprocidad de la entrega y la paternidad y maternidad responsables. Para la virginidad y el celibato consagrado, el vivir con un espíritu de amor gratuito y universal, con «corazón indiviso». La observancia del sexto mandamiento y la castidad como valor cristiano contribuyen al crecimiento en la vida espiritual.

La doctrina de la Iglesia acepta la relación íntima sexual solamente dentro del matrimonio, ya que allí es donde puede haber una total, exclusiva y definitiva entrega de las personas entre sí. Las relaciones sexuales no pueden convertirse en una especie de juego de adolescentes, banalizando tanto el sexo como el encuentro íntimo entre las personas. Ciertamente que se presentan no pocos casos de noviazgo serio, con el propósito de contraer matrimonio, pero al que no se puede llegar por motivaciones sociales, laborales o económicas. La actitud pastoral será de mucha comprensión, pero siempre queda en pie el principio de la totalidad, exclusividad y fidelidad que solamente se da en el matrimonio.

Se pueden asumir también una serie de razones muy positivas, como puede ser la de la comunión plena de vida y de amor entre las personas, la responsabilidad social, la libertad de unas condiciones culturales que rebajan la estimación personal por razones de la práctica del sexo. Para el cristiano, el matrimonio tiene un carácter de alianza, unidad, comunión total de personas, exclusividad, permanencia, indisolubilidad, sentido comunitario y solidario desde el punto de vista social, que solamente en esa realidad del matrimonio se puede admitir la relación íntima sexual de las personas.

49. ¿Por qué está mal la eutanasia? ¿No se debería tolerar en los casos en los que ya no existe ninguna esperanza de vida?

Debe quedar claro que la eutanasia es una acción directa para causar la muerte de la persona. Ni se trata de la interrupción de aquellos cuidados extraordinarios y desproporcionados con los resultados que se esperan ni tampoco de la supresión, para evitar sufrimientos innecesarios, de aquellos tratamientos que sólo conseguirían alargar un proceso irreversible. En ninguno de estos casos se trata de procurar la muerte. Por el contrario, cualquier acción encaminada a conseguir la muerte de una persona, en cualquier condición, es moralmente inaceptable.

Mientras la eutanasia aplicada por iniciativa

ajena al enfermo suele rechazarse, hay una corriente de permisividad e incluso de decidido apoyo, en algunos ambientes, en favor de la autoadministración de la eutanasia. Es decir, de poder disponer libremente de la propia vida cuando las condiciones de la existencia parece que han llegado a una situación límite. Suele haber una extraña contradicción entre los que, al mismo tiempo, claman en contra de la pena de muerte y abogan por esta «pena de muerte autoadministrada».

Se habla de la muerte digna y del derecho a disponer de la propia vida como si fueran unas conquistas a lograr en favor de la libertad y del progreso, cuando en realidad sería una regresión muy grande sobre los derechos humanos y sociales de los enfermos, los disminuidos, los ancianos, los pobres. ¿Se pueden imaginar las presiones sociales y familiares a que pueden verse sometidos aquellos a los que injustamente se considera «inservibles»? Pedirían la eutanasia casi como único remedio para liberarse de la angustia de verse como un estorbo, una carga pesada para los demás.

No pueden generalizarse los casos verdaderamente excepcionales, haciendo de ellos una norma y hasta un ejemplo a seguir. Siempre, desde luego, hay que respetar la intimidad de la propia conciencia y los atenuantes de responsabilidad que pueden concurrir.

Existe una tendencia a la aceptación legal de la eutanasia, es decir, a su despenalización. Desdichadamente, la despenalización suele equivaler, al menos en la mentalidad de muchas personas, a una legalización, a no considerarlo como delito y hasta recomendar la aplicación como algo honesto.

La mejor forma de ayudar a una muerte digna es procurar una vida de verdadera calidad humana, familiar, social, cristiana. Procurando una asistencia llena de afecto y de generosidad. Especialmente los más débiles —enfermos, ancianos, disminuidos— merecen el mejor cuidado y protección de su vida. Una falsa piedad deshumaniza la persona, la reduce a objeto utilizable, esconde no pocas actitudes egoístas, se considera incuestionable el derecho a la propiedad sobre la vida, de la que se puede disponer libremente. Incluso en el supuesto de esa libertad, en situaciones como en la que se pide la eutanasia, no es cuando estaría mejor garantizada la libertad de una decisión responsable.

50. Ya no existe el Índice de libros prohibidos, ¿puede un cristiano leer todo?

Se ha suprimido esa lista de libros que se prohibía conservar, divulgar, leer... Lo cual no quiere decir que la conciencia no deba tener su *índice* de aquello que debe evitar porque resulta nocivo para orientar su conducta moral.

En el Código de Derecho Canónico hay unas disposiciones respecto a los instrumentos de comunicación social y de los libros: cuidar del espíritu humano y cristiano, ayudar a la acción pastoral de la Iglesia, velar para que no dañen la fe y las costumbres de los fieles...

Ni todo lo que se publica es bueno, ni es conveniente que, de una manera indiscriminada, se pueda aconsejar que todo vale por el mero hecho de estar publicado o de presentarse en un medio de comunicación social. Hay una ley moral y una conciencia. Naturalmente, todo ello exige una adecuada educación.

Norma sabia y suprema es la de la caridad: que todo ha de servir para el bien. Por tanto, aquello que puede perturbar la fe o la conducta moral no puede aceptarse. También la verdad puede tener su momento para ser conocida: cuando ayuda al bien de la persona y no a su deterioro humano y moral.

51. ¿Impone la Iglesia a quién votar en las elecciones?

Ni imposición ni, siquiera, orientación del voto. Otra cosa distinta es que los pastores cumplan con su obligación de recordar a sus fieles la responsabilidad que tienen respecto a la vida pública. En caso de orientación se trataría de la conciencia para que actuara rectamente y en conformidad con los principios que dimanan del evangelio.

Como la Iglesia no tienen soluciones técnicas a los problemas sociales, tampoco dispone de un modelo político propio. El cristiano, en el ejercicio de su responsabilidad social, elige el modelo de gobierno y las personas que cree más conformes a los dictámenes de su conciencia como elector. Ahora bien, la Iglesia, en sus pastores, puede emitir juicios sobre determinadas situaciones, denunciar las injusticias, ofrecer su doctrina social. Todo ello ayuda a formar la conciencia y a obrar en consecuencia en unas elecciones.

De una manera general, las orientaciones de la Iglesia suelen referirse a la obligación y responsabilidad de la participación en la vida pública, el derecho y el deber de voto o de abstenerse responsablemente, votar conforme a una conciencia suficientemente formada, conocer los programas y las ideas de los candidatos, respetar democráticamente el resultado de las elecciones. Los pastores no imponen, simplemente ayudan a que el voto se realice en conciencia y que sea consecuente con los principios del evangelio y la doctrina de la Iglesia.

52. ¿Es en algún caso lícito no pagar impuestos?

Partamos de la obligación de pagar impuestos y de que estas tributaciones sean destinadas tanto al bien común de la sociedad a la que se pertenece como a participar en la solidaridad internacional.

Podría darse una objeción de conciencia y la consecuente negación a contribuir con el propio dinero a algo que se considere injusto, que no respete los derechos humanos, que no construya la paz. No es fácil, sin embargo, llegar a poder realizar, de una manera práctica, esa objeción de conciencia fiscal, ya que la tributación se hace de una manera global para todo lo que necesita la comunidad. Otra cosa distinta sería un impuesto concreto y destinado a una finalidad injusta. En este hipotético caso estaría sobradamente justificada la objeción fiscal en razón de los dictámenes a la propia conciencia.

Junto al deber que tiene el ciudadano de pagar impuestos también está el de los gobernantes de emplearlo justamente en favor del bien común. Ahora bien, no cabe la «oculta compensación» defraudando al fisco. Es mejor elegir unos gobernantes que busquen honestamente el bien común.

53. ¿Es lícito a un cristiano pertenecer a la masonería?

La Iglesia considera incompatibles los principios de la masonería con la doctrina católica y, por tanto, prohíbe a los fieles su pertenencia a este particular sistema moral.

54. ¿Hasta dónde debe llegar para un periodista católico la libertad de expresión?

Las personas no quedan indiferentes y ajenas ante aquello que les van mostrando y diciendo los medios de comunicación social. Es más, para muchas de estas personas esos medios se han convertido en la primera y única fuente de información y, lo que es peor, como incuestionable guía para formar opinión y dirigir el comportamiento. En una palabra, concediéndoles un valor incluso mucho mayor de aquel que los mismos medios pretendían.

Ni la libertad de expresión supone que se hayan suprimido todos los frenos éticos. Ni que en el derecho a la información hayan de olvidarse valores tan importantes como son todos aquellos que atañen a la vida y dignidad de las personas. La noticia objetiva y verificada, la responsabilidad moral, la seriedad y competencia profesional son un buen antídoto ante esa contagiosa epidemia del sensacionalismo, del servilismo a unos determinados intereses, del abuso del poder, del dinero fácil, del éxito inmediato, de hacer noticia del rumor, del poner en peligro la vida y el honor de las personas sin justificación alguna para ello.

No hará falta advertir sobre la condición instrumental de los medios de comunicación. Detrás de cada periódico, de cada emisora, hay unas personas, unos periodistas, unos informadores, unos comunicadores que no pueden hacer dejación de la responsabilidad que tienen sobre los efectos de su trabajo. Cuando se habla de la profesión de periodista como de una de las que llevan consigo más alto riesgo, puede ser que se incluya en esa cuota de peligro la de la responsabilidad de tener bien en cuenta los efectos negativos que puede ocasionar una información mal hecha. Como buen criterio ha de servir aquel que consiste en buscar siempre lo que puede ayudar al hombre a ser mejor en los múltiples aspectos de la vida social, familiar, política, ciudadana.

Actitudes de autosuficiencia, desprecio de la ética, olvido de los daños que puedan ocasionarse, anteponer los resultados económicos a cualquier otro principio, buscar el protagonismo sensacionalista por encima de la verdad completa, no pueden menos que contribuir al deterioro de la valoración de la credibilidad de los medios de comunicación.

No siempre resulta fácil encontrar criterios objetivos y seguros para orientar la actividad del periodista, que quiere actuar conforme a los convencimientos de sus más profundas convicciones. Si el periodista se confiesa católico, esa condición no sólo no debe limitar la libertad de expresión y el derecho a la información sino que debe ser como una garantía del buen comportamiento de las normas más rectas de la profesionalidad. Si quiere ser coherente con su fe y leal a sus principios religiosos, el periodista católico tendrá que ser, ante todo, un buen profesional.

VI. LA SOCIEDAD ACTUAL Y LA FE CATÓLICA

55. ¿Apoya la Iglesia la igualdad hombre-mujer?

Una igualdad en la distinción. Todos tenemos la misma naturaleza y procedemos del mismo origen. Como personas, todos tenemos la misma dignidad y nos corresponden unos derechos fundamentales en los que no puede haber discriminación alguna.

La distinción viene de la constitución biológica y personal que puede tener cada uno. La diferencia, lejos de ser una dificultad, es un valor más a compartir en una permanente comunicación y reciprocidad. En este sentido se puede decir que la Iglesia no sólo apoya la igualdad hombre-mujer sino que es uno de los temas frecuentemente tratados por el magisterio de la Iglesia. Basta recordar las cartas de Juan Pablo II sobre la familia, la dignidad de la mujer y la que dirigió a las mujeres del mundo entero en 1995. Igual dignidad, responsabilidad y derechos respecto al hombre, que se debe promover por el bien de todos, de la familia, de la sociedad y de la Iglesia. No se trata de que la mujer renuncie a su femineidad ni a su propia y verdadera humanidad femenina.

La Escritura proporciona bases suficientes para reconocer la igualdad esencial entre el hombre y la mujer desde el punto de vista de su humanidad. Se debe hablar de una esencial igualdad, pues al haber sido los dos —tanto la mujer como el hombre— creados a imagen y semejanza de Dios, ambos son, en la misma medida, susceptibles a la dádiva de la verdad divina y del amor en el Espíritu Santo.

Un texto importante del magisterio de Juan Pablo II: «¿Y qué decir también de los obstáculos que, en tantas partes del mundo, impiden aún a las mujeres su plena inserción en la vida social, política y económica? Baste pensar en cómo a menudo es penalizado, más que gratificado, el don de la maternidad, al que la humanidad debe también su misma supervivencia. Ciertamente, aún queda mucho por hacer para que el ser mujer y madre no comporte una discriminación. Es urgente alcanzar en todas partes la efectiva igualdad de los derechos de la persona y, por tanto, igualdad de salario respecto a igualdad de trabajo, tutela de la trabajadora-madre, justas promociones en la carrera, igualdad de los esposos en el derecho de familia, reconocimiento de todo lo que va unido a los derechos y deberes del ciudadano en un régimen democrático. Se trata de un acto de justicia, pero también de una necesidad. Los graves problemas sobre la mesa, en la política del futuro, verán a la mujer comprometida cada vez más: tiempo libre, calidad de la vida, migraciones, servicios sociales, eutanasia, droga, sanidad y asistencia, ecología, etc. Para todos estos campos será precisa una mayor presencia social de la mujer porque contribuirá a manifestar las contradicciones de una sociedad organizada sobre puros criterios de eficiencia y productividad, y obligará a replantear los sistemas en favor de los procesos de humanización que configuran la civilización del amor» (Juan Pablo II, *Carta a las mujeres,* 4).

56. ¿Cuál es la posición de la Iglesia respecto al servicio militar?

Aunque siempre ha sido un problema debatido, las circunstancias y los motivos de la discusión y de la valoración de la obligatoriedad han cambiado notablemente en estos últimos años. Unas veces se ponía el acento en la obediencia a la autoridad, en la prestación al bien común o la defensa de la patria. Otras, en la necesidad de garantizar la paz, el apoyo a causas humanitarias, la cooperación internacional en campos diversos.

Desde la exención por diversos motivos hasta la objeción de conciencia y la insumisión se han buscado salidas para eximirse de la prestación del servicio militar. Los motivos podían ser económicos (privilegiando a los ricos que podían pagar la exención), personales (incapacidad diversa), sociales (situación familiar). Posteriormente llegó la objeción de conciencia: la negación por razones morales a empuñar armas, convencimientos pacifistas o antimilitaristas, perjuicio para el desarrollo de los estudios, pérdida del empleo, etcétera.

No es fácil el presentar argumentos morales en pro o en contra del servicio militar. Mucho más cuando la consideración sobre la función del ejército ha cambiado considerablemente: profesionalización, ejércitos supranacionales...

«Los que, al servicio de la patria, se hallan en el ejército, considérense instrumentos de la seguridad y libertad de los pueblos, pues desempeñando bien esta función contribuyen realmente a estabilizar la paz» (*GS,* 79).

Los obispos españoles han dicho: «La objeción de conciencia debe también inspirarse en el deseo de colaborar activamente en la construcción de una sociedad pacífica, sin rehuir el esfuerzo y los sacrificios necesarios para contribuir positivamente al desarrollo del bien común y al servicio de los más necesitados.

»A aquellos que por razones morales se sientan movidos a adoptar actitudes positivas de no violencia activa o a presentar objeción de conciencia al servicio militar los exhortamos a purificar sus motivaciones de toda manipulación política, ideológica y desleal que pudiera enturbiar la dignidad moral y el valor constructivo de tales actitudes.

»Semejante recomendación no carece de fundamento, pues con frecuencia tales decisiones, nacidas de sentimientos nobles y humanitarios, se ven solicitadas por ideologías o instituciones políticas que actúan en favor de sus propios objetivos, no siempre coherentes con un servicio sincero de la construcción de la paz» (*Constructores de la paz,* VI, 3).

La profesión militar es plenamente legítima para la conciencia cristiana. Contribuye a la seguridad y libertad del pueblo, a la estabilidad de la paz, ayuda a la colaboración y entendimiento entre los pueblos, se buscan en ella valores de justicia, libertad, bien común.

«Queremos hacer —decían los obispos españoles en el documento citado— una mención especial de aquellos que han adoptado como profesión personal la profesión militar. Quienes ejercen el servicio armado pueden considerarse instrumentos de la seguridad y libertad de los pueblos, pues desempeñando bien esta función contribuyen realmente a la consolidación de la paz.

»Los cristianos que prestan un servicio armado

en la construcción y defensa de la paz deberán vivir también la vocación evangélica que se inspira en el amor, fructifica en perdón y busca positivamente la paz.

»Para que los militares cristianos perseveren firmes en esa vocación evangélica la Iglesia les presta su asistencia pastoral mediante sacerdotes especializados, a quienes dedicamos desde aquí una palabra de reconocimiento y aliento» (VI, 2).

57. ¿Está la Iglesia en contra de la pena de muerte?

Así lo expone el *Catecismo de la Iglesia católica*: «A la exigencia de tutela del bien común corresponde el esfuerzo del Estado para contener la difusión de comportamientos lesivos de los derechos humanos y de las normas fundamentales de la convivencia civil. La legítima autoridad pública tiene el derecho y el deber de aplicar penas proporcionadas a la gravedad del delito. La pena tiene, ante todo, la finalidad de reparar el desorden introducido por la culpa. Cuando la pena es aceptada voluntariamente por el culpable adquiere un valor de expiación. La pena, finalmente, además de la defensa del orden público y la tutela de la seguridad de las personas, tiene una finalidad medicinal: en la medida de lo posible, debe contribuir a la enmienda del culpable.

»La enseñanza tradicional de la Iglesia no excluye, supuesta la plena comprobación de la identidad y de la responsabilidad del culpable, el recurso a la pena de muerte si ésta fuera el único camino posible para defender eficazmente del agresor injusto las vidas humanas.

»Pero si los medios incruentos bastan para proteger y defender del agresor la seguridad de las personas, la autoridad se limitará a esos medios, porque ellos corresponden mejor a las condiciones concretas del bien común y son más conformes con la dignidad de la persona humana.

»Hoy, en efecto, como consecuencia de las posibilidades que tiene el Estado para reprimir eficazmente el crimen, haciendo inofensivo a aquel que lo ha cometido sin quitarle definitivamente la posibilidad de redimirse, los casos en los que sea absolutamente necesario suprimir al reo suceden muy rara vez, si es que ya en realidad se dan algunos» (nn. 2 266, 2 267).

La Iglesia está en contra de la pena de muerte. Tanto con la doctrina como con las muchas intervenciones para que no se aplicase la pena de muerte a los condenados, la Iglesia rechaza la pena de muerte y considera que no existe caso alguno en que sea necesario suprimir al reo por legítima defensa o por el bien común.

58. ¿Qué diferencia hay entre la caridad cristiana y la solidaridad humana?

Juan Pablo II ha considerado la creciente conciencia de solidaridad como un signo positivo del mundo contemporáneo. Hay que reconocer que la palabra solidaridad es empleada continuamente en los más variados y distintos discursos y desde conceptos e ideas dispares e incluso contrarios. Se utiliza como apoyo al desarrollo y como crítica al intervencionismo interesado, como ayuda y cooperación, como eslogan de campañas de promoción de algún proyecto, como discurso político, como pacto bilateral, como protección y amparo al débil, como prestación de un voluntariado temporal...

No hay por qué dudar de la mejor intención en la proclamación de la solidaridad como ejercicio de corresponsabilidad. A veces, sin embargo, el lenguaje altisonante de la solidaridad se reviste de unas proclamas que hacen pensar en resabios de paternalismo o el interés antirreligioso y sectario que anuncia el final de la caridad cristiana y del amor fraterno evangélico como camino para ayudar al restablecimiento de la justicia.

La solidaridad es una actitud personal y permanente que lleva a considerar al hombre como hermano y a ver los bienes de este mundo como un patrimonio común que compartir. Es apertura a la comprensión de los demás y disposición activa para la ayuda. Tiene como base el reconocimiento del principio de que todos los bienes de la creación, así como los que proceden del trabajo del hombre, están destinados al disfrute de todos. La solidaridad es un principio básico de la concepción cristiana de la organización social y política. Juan Pablo II ha hablado de la «caridad política» en aquellos que trabajan en la gestión de los intereses comunes, en el servicio a Dios a través de la política. La solidaridad es una virtud cristiana. Existen numerosos puntos de contacto entre ella y la caridad, que es signo distintivo de los discípulos de Cristo.

Compartir con los demás la ayuda material no es sólo un gesto solidario sino también expresión del amor fraterno que, como gracia y favor de Dios, se ha recibido. Es una forma de manifestar la gratitud a Dios, que ha dado los bienes de este mundo y la gracia de tener el corazón abierto al amor de los demás. No hay que temer, en manera alguna, que el amor cristiano disminuya la fuerza incansable y el obligatorio trabajo en favor de la justicia. Más bien, la profundidad de la caridad fraterna el mejor y más consistente de los apoyos para buscar el reconocimiento de los derechos, la recuperación de la dignidad pedida o arrebatada, la rectitud de intención en el servicio a los pobres y con los pobres.

La caridad no puede menos que hacerse visible en obras y en palabras. Es el signo distintivo del cristiano, de aquel que orienta toda su vida en la palabra y el ejemplo de Jesucristo. La pobreza no entiende de discursos. La pobreza se vive y se sufre en personas concretas, en situaciones de carencia real, en la limitación de los recursos y servicios necesarios. Esa unión del cristiano con Cristo no es la de una simple imitación de los pensamientos y de los gestos sino una identificación completa que, gracias al misterio redentor de Cristo y por la acción del Espíritu, se hace vida y realidad en el hombre.

Para nosotros resultan inseparables la solidaridad y el amor fraterno. Si nos sentimos unidos a los demás, no es por una simple razón de pertenencia a una comunidad humana que debe cohabitar en el mismo mundo, sino por el imperativo del mandamiento nuevo del amor que ha de distinguir a los discípulos de Cristo. En este mandamiento del amor se encuentra el más rico y profundo manantial de la verdadera madurez espiritual, de los principios morales, de una verdadera cultura de la justicia y de la solidaridad. Porque el amor del mandamiento nuevo es encarnación viva con el hombre, con su realidad personal y con su historia, su situación, su dignidad herida y sus aspiraciones y derechos.

La caridad no es una simple ayuda, sino la expresión del amor de Dios. En esto se manifiesta que hemos conocido a Dios y que hemos pasado de la muerte a la vida, en que amamos a los hermanos. El amor fraterno es la señal luminosa del amor de Dios. Si con Dios se vive, con su amor se ama y se sirve a los demás. En el manantial insondable del amor de Dios se alimenta el amor.

59. ¿Existe algún motivo válido para recurrir al uso de la violencia?

Ha sido considerado como uno de los logros de la civilización moderna el haber superado prácticas de crueldad, torturas, acciones vejatorias hasta extremos inconcebibles. Sin embargo, esta condena generalizada no ha conseguido, ni mucho menos, erradicar la violencia. Guerras, minas personales, terrorismo, tráfico de armas, esterilizaciones masivas...

La violencia como medio para solucionar los problemas sociales o políticos nunca está justificada. Con la violencia se ofende a Dios y a quien la sufre, y se degrada la persona que la ejerce. Destruye al hombre, viola el orden de la justicia, engendra odio y nueva violencia. Es abiertamente contraria a los principios cristianos.

Nunca está justificada la violencia, que siempre es injusta por ir contra los derechos fundamentales y la dignidad de la persona. Otra cosa, completamente distinta, es la utilización de medios que pueden servir para acciones violentas pero que únicamente se hace para repeler la agresión, en acciones que excluyen todo tipo de venganza y de crueldad y de medios desproporcionados con riesgos injustificados para los inocentes.

Aun en los casos de la llamada legítima defensa y con la finalidad de buscar el bien común y, en definitiva, la paz, es muy difícil el poder justificar moralmente el uso de medios violentos, es decir, que sean contrarios a los derechos que corresponden al hombre, aunque éste sea violento e injusto.

Se debe evitar el mal, defenderse del agresor, repeler la violencia. Pero no con violencia.

Para un cristiano siempre está vigente el principio fundamental de buscar el bien sin utilizar para ello el mal, como puede ser la muerte o la injusticia. La no violencia es una actitud positiva basada en el convencimiento del valor de la paz.

Son muchas las dolorosas experiencias que tiene la historia contemporánea sobre esas acciones que extorsionan la libertad, el orden jurídico y moral, la vida pacífica de los hombres y de los pueblos. Unos la cometen y otros la sufren. Todos nos sentimos implicados en ella. ¿Qué hay detrás de la violencia? ¿Una vana ilusión que, pretendiendo combatir el mal, lo agrava? ¿El convencimiento de que cualquier acción es válida con tal de conseguir unos objetivos políticos o sociales? ¿La violencia es un exponente más de la falta de referencias éticas, morales y religiosas en la vida pública?

Contra la violencia, clama la justicia. No sólo como garantía del derecho, sino como camino para superar la violencia y conseguir la paz. Los mejores testigos de la justicia y de la paz son siempre los hombres que, resistiéndose al poder de la fuerza, han sabido encontrar formas eficaces para dar testimonio de la verdad (Juan pablo II, *Centesimus annus (CA)*, 23).

60. ¿Qué hace la Iglesia para luchar contra las lacras sociales como el paro?

El desempleo es uno de los problemas más graves de la sociedad y el origen de otros muchos conflictos personales, familiares, morales, humanos. El hecho de que sea un tema que viene de lejos, y que no es nuevo, favorece el que nos familiaricemos con él y que haya como una pérdida de la sensibilidad ante el problema del paro. Entonces se corre el grave peligro, tanto en la sociedad como en la Iglesia, de acostumbrarnos a convivir con el paro como algo que forma parte de nuestra existencia y ante lo que no cabe sino aceptarlo sin remedio y con una resignación negativa, sin darnos cuenta del desorden moral que conlleva por lo que tiene de degradante, tanto para la vida de los trabajadores que lo padecen como para toda la sociedad.

Un paro generalizado es un mal social, es un desorden moral, es un drama humano al que es necesario poner remedio con carácter prioritario. Todos, aunque no del mismo modo, estamos llamados a contribuir a la solución del problema, porque todos somos responsables de cuanto afecta a la comunidad humana a la que pertenecemos. La solidaridad no es un «sentimiento superficial por los males de tantas personas, cercanas o lejanas. Al contrario, es la determinación firme y perseverante de empeñarse por el bien común; es decir, por el bien de todos y cada uno, para que todos seamos verdaderamente responsables de todos» (Juan Pablo II, *Sollicitudo rei socialis (SRS)*, 38).

La comunidad cristiana, desde su necesaria obligación de fidelidad al evangelio, está incuestionablemente comprometida en esta causa, como algo consustancial de su misión y como verificación de su fidelidad a Cristo. Es el ministerio de la Iglesia ante tantas situaciones que son el «resultado de la violación de la dignidad del trabajo humano: bien sea porque se limitan las posibilidades del trabajo —es decir, por la plaga del desempleo—, bien porque se deprecian el trabajo y los derechos que fluyen del mismo, especialmente el derecho al justo salario, a la seguridad de la persona del trabajador y de su familia» (*CA*, 8).

A los cristianos nos corresponde poner todo nuestro entusiasmo en imitar a Jesucristo, que supo estar cerca de los problemas y las necesidades de los hombres, en particular de los pobres. Los cristianos, que poseemos una rica doctrina social, tenemos la responsabilidad de darla a conocer y aplicarla en todos los niveles, colaborando con los ciudadanos a crear unas condiciones de vida más justas para todos.

En la medida de sus limitadas posibilidades, la Iglesia promueve diversas iniciativas, tanto para el conocimiento y difusión de la doctrina social de la Iglesia como para contribuir positivamente a remediar el desempleo. Organizaciones e Iglesia realizan una constante y meritoria labor de acercamiento a la clase trabajadora, ofreciéndole la doctrina social a la Iglesia y poniendo en marcha, con los limitados recursos de que disponen, sus programas de promoción de empleo y de formación ocupacional.

La comunidad cristiana está cerca de las personas que pasan por la dolorosa situación de desempleo o de inseguridad en el puesto de trabajo. Más allá de cualquier calificación laboral, de los grupos sindicales a los que pertenezcan, de las ideas que sigan o de la religión que practiquen, está su condición de personas, con una dignidad que tenemos que respetar y defender.

61. La Iglesia antiguamente se oponía a la usura, ¿cuál es su postura ante la especulación y el hoy en día progresivo engrandecimiento de las instituciones financieras?

Se oponía la Iglesia y sigue condenando la usura y todas aquellas acciones que van contra la justicia y que no tienen en cuenta esa hipoteca que gravita sobre los bienes de este mundo, y que no es otra que su destino para el justo disfrute de todos. Ello no quiere decir que no sea legítima la actividad comercial, económica y financiera cuando está verdaderamente al servicio y ayuda del hombre. «La economía y sus estructuras son válidas y aceptables únicamente cuando son humanas, es decir: hechas por el hombre y para el hombre» (Juan Pablo II).

Nadie puede pensar que la generación de riqueza justifica todas las acciones y que incluso la ética estaría supeditada al factor económico. Una economía sin moral sería un instrumento dañino, pues olvidaría la finalidad primera de servicio al hombre y a la sociedad. Mucho peor todavía es aprovecharse de la indigencia de unos para el enriquecimiento de otros, como puede ser el caso de la usura —exigir intereses desproporcionados e injustos— o la deuda externa, que anula la posibilidad de salir del subdesarrollo.

«Son también moralmente ilícitos: la especulación mediante la cual se pretende hacer variar artificialmente la valoración de los bienes con el fin de obtener un beneficio en detrimento ajeno; la corrupción mediante la cual se vicia el juicio de los que deben tomar decisiones conforme a derecho; la apropiación y el uso privado de los bienes sociales de una empresa; los trabajos mal hechos, el fraude fiscal, la falsificación de cheques y facturas, los gastos excesivos, el despilfarro. Infligir voluntariamente un daño a las propiedades privadas o públicas es contrario a la ley moral y exige reparación» (*Catecismo,* 2 409).

Un texto esclarecedor de Juan Pablo II: «La Iglesia reconoce la justa función de los beneficios como índice de la buena marcha de la empresa. Cuando una empresa da beneficios significa que los factores productivos han sido utilizados adecuadamente y que las correspondientes necesidades humanas han sido satisfechas debidamente. Sin embargo, los beneficios no son el único índice de las condiciones de la empresa. Es posible que los balances económicos sean correctos y que al mismo tiempo los hombres, que constituyen el patrimonio más valioso de la empresa, sean humillados y ofendidos en su dignidad. Además de ser moralmente inadmisible, esto no puede menos que tener reflejos negativos para el futuro, hasta para la eficiencia económica de la empresa. En efecto, la finalidad de la empresa no es simplemente la producción de beneficios, sino más bien la existencia misma de la empresa como comunidad de hombres que, de diversas maneras, buscan la satisfacción de sus necesidades fundamentales y constituyen un grupo particular al servicio de la sociedad entera. Los beneficios son un elemento regulador de la vida de la empresa, pero no el único; junto con ellos hay que considerar otros factores humanos y morales que, a largo plazo, son por lo menos igualmente esenciales para la vida de la empresa» (*CA*, 35).

62. ¿Ha perdido la Iglesia a la juventud?

Unos datos que necesitan explicación: la participación masiva de los jóvenes en diversas acciones de la Iglesia y los altos niveles de las encuestas que señalan a los jóvenes como el grupo social más arreligioso.

Los grupos juveniles proliferan en nuestras parroquias: catequesis, confirmación, obras sociales, grupos de oración... Encuentros multitudinarios con Juan Pablo II en las Jornadas Mundiales de la

Juventud, asociaciones internacionales de ayuda al Tercer Mundo nacidas en el seno de la Iglesia, movimientos universales de inspiración cristiana que reúnen a muchos jóvenes en el trabajo por la paz, la ecología, el desarrollo...

Al mismo tiempo, la constatación sociológica del alejamiento de la Iglesia por motivos morales y la no aceptación de la doctrina de la Iglesia, aunque se consideren mayoritariamente católicos. En la causa de este alejamiento de la Iglesia y de la creencia religiosa está la misma situación de desaliento ante el futuro, la falta de formación auténticamente religiosa, el influjo de las ideologías, la violencia, el recelo ante un exigente compromiso moral y social.

Uno de los análisis más lúcidos sobre la juventud actual fue el que hizo Juan Pablo II en su visita a Cuba. Aunque el papa se refería a una situación concreta, bien puede servir como orientación general. Actualmente, decía el papa a los jóvenes en Camagüey, para muchos es fácil caer en un relativismo moral y en una falta de identidad que sufren tantos jóvenes, víctimas de esquemas culturales vacíos de sentido o de algún tipo de ideología que no ofrece normas morales altas y precisas. Ese relativismo moral genera egoísmo, división, marginación, discriminación, miedo y desconfianza hacia los otros, materialismo desenfrenado. El vacío que producen estos comportamientos explica muchos males que rondan a la juventud: el alcohol, la sexualidad mal vivida, el uso de drogas, la prostitución que se esconde bajo diversas razones —cuyas causas no son siempre sólo personales—, las motivaciones fundadas en el gusto o las actitudes egoístas, el oportunismo, la falta de un proyecto serio de vida en el que no hay lugar para el matrimonio estable, además del rechazo a toda autoridad legítima, el anhelo de la evasión y de la emigración, huyendo del compromiso y de la responsabilidad para refugiarse en un mundo falso cuya base es la alienación y el desarraigo.

La «vida digna» a los ojos de Dios tiene ese precio. Si no se está dispuesto a pagarlo, vendrá el vacío existencial y la falta de un proyecto de vida digno y responsablemente asumido con todas sus consecuencias. La Iglesia tiene el deber de dar una formación moral, cívica y religiosa que ayude a los jóvenes a crecer en los valores humanos y cristianos, sin miedo y con la perseverancia de una obra educativa que necesita el tiempo, los medios y las instituciones que son propios de esa siembra de virtud y espiritualidad.

La Iglesia no ha perdido a la juventud. Ni ha desistido en momento alguno de seguir trabajando por una pastoral cada vez más adecuada para los jóvenes. Juan Pablo II, con su palabra y magisterio, con su vida y ejemplaridad, viene *escribiendo* continuamente una gran carta a los jóvenes. En ella los alienta y guía en el itinerario para ir descubriendo el evangelio. Cartas, homilías, exhortaciones..., son el camino para el diálogo entre el papa y los jóvenes sobre los valores contemporáneos: Dios, la vida, el futuro. Y el papa lo hace como si estuviera realizando una peregrinación entre las fuentes de la fe y los problemas de la vida, expresando siempre una gran confianza en el hombre joven.

Los jóvenes presentan al papa sus problemas y el papa responde. La paz, la delincuencia, la droga, Cristo, la solidaridad, el trabajo, la violencia, el sexo, la ecología, el matrimonio, la oración... Los jóvenes necesitan respuestas y el papa se las ofrece. Por eso los jóvenes siguen al papa, porque les habla sin adulación, con la verdad, y sin ambigüedades, confiando en el entusiasmo de los jóvenes. El papa les habla en estilo dialogante, directo, claro, abierto, emotivo, universal, ecuménico, para todo tipo de jóvenes (católicos y no católicos). Y los jóvenes ven al papa como un maestro, pero, sobre todo, como un auténtico *testigo* de la verdad.

63. Hoy ya no se construyen catedrales, ¿ya no se interesa en la fe el mundo del arte?

Se siguen construyendo catedrales allí donde se necesitan. Aparte de estos primeros e importantes templos de las diócesis, son muchos los complejos parroquiales que se construyen continuamente, principalmente en los barrios periféricos de las grandes ciudades y en zonas especialmente necesitadas.

Hay una preocupación por la estética y el arte, siempre supeditado al fin primordial del culto y la evangelización que tiene el templo. Nadie debe extrañarse al llegar a una catedral y contemplar tantas y tan bellas obras. Maravillosas en el arte, en las expresiones culturales, en la magnificencia o preciosidad del trabajo ofrecido. Se hicieron, y se hacen, para ayudar al hombre, y para que pueda acercarse a Dios. Detrás de cada pintura, de cada imagen, de cada vestido, de cada pergamino, de cada valiosa pieza de orfebrería, están el artista y el orfebre, el escritor y los bordadores. Y más allá de todos, y antes que ninguno de ellos, está Dios. Y la fe se ayuda de aquello que los sentidos van descubriendo en las huellas que la belleza de Dios ha dejado en las cosas bellas que realizan los hombres.

No ha quedado todo en el tiempo. Ni lo que se puede ver es simple vestigio de un pasado glorioso.

Sin la Iglesia de hoy no es creíble la de ayer. Pues la Iglesia recorre los siglos hasta el final de los tiempos. Ininterrumpidamente. Así se nos ha prometido. Así lo creemos. El presente es el mejor argumento para defender el pretérito y llenar el futuro de esperanza.

Aunque maravillosa expresión cultural, no queda reducida a lo que simple cultura fuera. Pues, si a ello se limitara, la muestra serviría, más como ayuda para la evasión, que como apoyo para lo trascendente. Un magnífico museo, pero deshumanizado, ficticio, asfixiado por la falta de espíritu, de fe.

Una de esas formas para componer la sinfonía de la alabanza es la imagen que fabrican los hombres valiéndose de aquello que el Señor puso en las manos del artista. Madera, barro, metales, pinturas y telas son buenos materiales para expresar con ellos unos sentimientos interiores. El resultado es siempre el mismo: ayudar a leer, en este bello libro del arte sagrado, el misterio insondable de Dios.

Es necesario conservar el rico patrimonio que hemos recibido y darle el uso y la finalidad para los que fuera adquirido. Este patrimonio cultural ha de servir de apoyo y sustento a la lección permanente que la Iglesia tiene que dar en sus templos: el conocimiento y el amor de Dios manifestado en Jesucristo.

La cultura, el arte, el valor artístico no sólo no impiden la elevación religiosa sino que la apoyan y la enriquecen con una nueva dimensión de dignidad y belleza. Las mejores obras de arte no pueden menos de ser unas catequesis que hacen contemplar el misterio más allá de lo que perciben los sentidos.

Despojar al patrimonio religioso de su profundo contenido catequístico es quitarle el alma. Dejar completamente vacío lo que está lleno de vida. Sin esa profundidad de la fe, la imagen quedaría en bella madera policromada; la orfebrería, en objetos preciosos de extraña utilidad; los bordados, en telas y paramentos ornamentales; los templos, en maravillosas construcciones...

Todo fue hecho desde la fe y para el servicio de la fe. Para honra de Dios y para ayudar a los hombres a que pudieran acercarse a Él. El retablo era libro y catecismo donde podían leer los misterios de la revelación los que no sabían de letras. La imagen se hace visión que lleva a la memoria de aquello que representa. El altar y el templo son figuras arquitectónicas de Cristo en medio de su Iglesia y de la presencia de la Iglesia en medio del mundo.

La historia, el espíritu y el arte se han dado cita en las catedrales. La fe ha sido vida del espíritu. Para el arte quedó el maravilloso oficio de hablar, en imágenes muy bellas, de lo que los hombres son capaces de hacer en este mundo cuando tienen la mirada puesta en Dios.

El resultado de ese diálogo fecundo entre lo sensible y aquello que no puede llegar sino por una luz de revelación y de acatamiento en la fe no podía ser otro que un espacio donde se encuentre lo sensible con el amor de lo que no se puede ver.

VII. LOS SACRAMENTOS, LAS AYUDAS EN EL CAMINO

64. ¿Para qué sirven los sacramentos y el culto de la Iglesia?

Dios quiere hablarnos con nuestro propio lenguaje. Haciendo ver, a través de gestos, palabras y cosas, una realidad nueva, una vinculación con el mismo Dios y con los demás. Como ocurre en las relaciones humanas, los signos manifiestan actitudes y sentimientos.

A lo largo de la historia —historia de salvación para nosotros—, hechos y señales conducen a la experiencia religiosa, al encuentro con Dios. Esa historia de la salvación tiene un valor de sacramentalidad: está *hablando* de una realidad que trasciende los simples acontecimientos. El centro de la historia de la salvación es Cristo. La señal más clara y cercana a la presencia de Dios. Cristo es el sacramento, la presencia misma de Dios en la realidad concreta de la naturaleza humana.

Palabras, gestos y acciones de Cristo traían la salvación, curaban, hacían nacer o fortalecían la fe. Todo ello permanece en la Iglesia. Los sacramentos no son sino las mismas acciones y palabras de Cristo. Más aún: es Cristo quien realiza esos gestos y quien dice las palabras. Aquí está la eficacia de los sacramentos, en que son acciones del mismo Cristo que actúa por el Espíritu Santo. Todo ello les fue encomendado a los apóstoles, y a todos sus sucesores. Recibiréis el Espíritu Santo, bautizaréis y perdonaréis los pecados... Ésta ha sido la promesa de Jesús, que está viva y es eficaz en la Iglesia.

Los sacramentos no son, por tanto, unos simples ritos, unos gestos simbólicos sin contenido. Mucho menos unas acciones mágicas y ensalmos que realizan el prodigio. Son presencia salvadora de Cristo para la santificación de los hombres. Los gestos y signos son lenguaje que hablan de una misteriosa acción de Dios que solamente la fe puede descubrir. Por eso, para recibir los sacramentos se requiere la fe y la intención de hacer y recibir aquello que realiza la Iglesia. No hay otro camino para descubrir la presencia eficaz del Espíritu Santo que el de la Iglesia, pues los sacramentos le han sido dados a ella por Cristo. La Iglesia es como sacramento de Cristo y señal de la unión con Dios.

En el *bautismo* comienza la vida cristiana, el hombre se une a Cristo y entra a pertenecer a la Iglesia, es una criatura nueva. Por la *confirmación* se actualiza y refuerza la gracia recibida en el bautismo y se manifiesta de una manera especial el Espíritu Santo, que hace del bautizado un auténtico testigo de Cristo muerto y resucitado. La *eucaristía* es manantial y cumbre de todos los sacramentos: entrega viva de Cristo, presencia y comunión. En la *penitencia* se manifiesta la misericordia de Cristo, que perdona los pecados y reconcilia al hombre con Dios. En la *unción* de los enfermos se revive la esperanza de vivir para siempre, más allá de la enfermedad y de la debilidad humana. El *orden* es la consagración de aquellos que han sido llamados de una manera particular al servicio de la Iglesia. En el *matrimonio,* la presencia de Dios en el amor del hombre y de la mujer se hace garantía de unidad indisoluble.

Tienen todos los sacramentos una dimensión evangelizadora: hacen presente a Cristo en la Iglesia y en el mundo. El hombre de fe, el creyente, el cristiano, al celebrar y recibir los sacramentos se hace, también, como sacramento: señal de la unión con Dios Padre en Jesucristo y en el Espíritu. Vida y conducta tendrán un significado permanente de relación con Dios.

La celebración de los sacramentos, sobre todo el de la eucaristía, es un reconocimiento vivo y explícito de la presencia de Dios. Dios venerado y reconocido. Un culto y una liturgia que son manifestación del honor que a Dios se debe y que se expresa en la adoración, en la alabanza, en la acción de gracias, en la petición y súplica. Dios es reconocido en toda su grandeza y soberanía.

El culto, el reconocimiento y alabanza a Dios, nace de la fe y de una actitud interior de amor al Dios manifestado en Jesucristo. Por tanto, no cabe otra disposición sino la de una tal sinceridad que, en gestos y palabras, acciones y liturgia, todo se haga en espíritu y en verdad, con toda la autenticidad que el honor, el culto a Dios requiere. La misma vida del cristiano será manifestación explícita de la gracia que ha recibido: que los hombres vean vuestras obras y glorifiquen a Dios, como nos dijo Jesús.

65. ¿No es mejor bautizar a los niños cuando tengan uso de razón?

Según la norma de la Iglesia, los padres tienen obligación de hacer que los hijos sean bautizados en las primeras semanas. Cuanto antes después del nacimiento. Contra esta prescripción se aduce la rutina y acomodación de los padres a unas costumbres sociales, sin sentirse responsables con la educación de la fe de su hijo. Se quiere el sacramento como un rito social más. Por otra parte se puede pensar que se condiciona la libertad del propio bautizado, al que se le dan una fe y un sacramento que no ha pedido.

El bautismo es la puerta del encuentro con Cristo, el fundamento de toda la vida cristiana y la incorporación al pueblo nuevo de Dios que es la Iglesia. Contiene, como en germen, toda la virtualidad santificadora de la gracia dada por Dios en su Espíritu que se irá desarrollando a lo largo de toda la existencia.

La criatura, el hombre es objeto de un amor completamente gratuito por parte de Dios. El niño no tiene capacidad para comprenderlo, pero por eso Dios no deja de amarlo. Tampoco el niño sabe cuánto le quieren sus padres. El amor y la gracia salvadora de Dios no pueden estar ligados a unos condicionamientos meramente humanos. Insondable es su amor e infinita y rica su misericordia.

El hombre, que hoy se bautiza como niño, llegará, con la ayuda de la Iglesia, a responder conscientemente a la gracia que ha recibido. Necesitará de sus padres y de esa misma Iglesia que, por otra parte, son quienes han proclamado la fe en nombre del niño y se han hecho garantía y aval de la educación y el desarrollo de la fe.

No se puede privar al hombre de un bien tan grande como es el amor gratuito de Dios. Hay que hacérselo llegar en los primeros momentos de la existencia, vinculándole a la acción de la Iglesia. Lo contrario sería como hacer al hombre, porque es niño, una injusticia, negándole el derecho a los dones de la salvación que Dios ofrece. No sólo no es un atentado a la libertad individual del hombre, hoy niño, sino que es ofrecimiento de un conjunto de valores humanos y espirituales que van a ser la mejor garantía de su auténtica libertad personal.

El bautismo de los niños ha sido una práctica tradicional en la vida de la Iglesia desde los primeros siglos. Pero siempre la Iglesia ha cuidado de que el bautizado tuviera todos aquellos medios y condiciones para que pudiera ser educado, crecer y madurar en la fe. Los padres y la comunidad cristiana serán la mejor ayuda. Catequesis y sacramentos, oración y caridad irán configurando al cristiano hasta llegar a la medida de Cristo.

Una adecuada pastoral prebautismal y, sobre todo, posbautismal debe acompañar a los padres y al bautizado. El retraso del bautismo está motivado, en no pocas ocasiones, por la duda en la eficacia de esa acción pastoral. Curiosamente, la duda para bautizarlo de niño se piensa que se resuelve simplemente con la mayoría de edad. En el bautismo, igual que en los demás sacramentos, la evangelización y la catequesis permanente son acciones imprescindibles.

66. ¿A qué obliga ser padrinos del bautizado?

Bautizar a un niño o a una persona adulta lleva consigo una serie de obligaciones encaminadas a garantizar el crecimiento y la perseverancia en la fe. Obligación que corresponde, en primer lugar, a los padres, pues la Iglesia, sobre todo en el bautismo de los niños, los ha admitido en el sacramento con la garantía de la fe y de la palabra de los padres. Los padrinos son quienes se comprometen a ayudar a los padres e, incluso, a poder sustituirlos.

Por tanto, es obligación del padrino o de la madrina llevar a cabo la responsabilidad que ha asumido de ser garantía de la educación en la fe de su ahijado. La función del padrino es una verdadera función eclesial pues, de alguna manera, está representando a la comunidad de los creyentes a la que se incorpora el bautizado. Tampoco la comunidad puede inhibirse de la obligación de educar en la fe, pretextando que para eso están los padres o los padrinos. Es toda la comunidad la que se alegra con un nuevo bautizado y la que lo acoge para hacerlo madurar en la fe de Jesucristo.

Será obligación de los padrinos el disponer de una catequesis adecuada para su propia formación, participar en la vida de la comunidad cristiana, siendo ellos mismos ejemplo de vida cristiana.

67. ¿Qué ocurre cuando el amor entre casados se acaba? ¿Por qué no pueden volver a casarse?

El matrimonio es santo porque es cosa de Dios y hace referencia a Él, porque se realiza por el amor, la virtud y el acto más grande que produce el alma humana. El Nuevo Testamento entronca este amor en el amor supremo que se tienen Cristo y su esposa la Iglesia santa.

La verdadera grandeza del matrimonio está en su santidad. El que está en condiciones de estimar más altamente esta institución es precisamente el creyente. En cuanto institución humana, puede que el hombre no haga más que seguir sus inclinaciones y sus instintos. Ésta es una primera razón de que el hombre y la mujer se unan. El legislador establece unas normas con las que intenta regular algunos aspectos del hecho humano del matrimonio. Pero no siempre las leyes estimulan los grandes valores, que harían al hombre mejor. El legislador intenta regular sólo, y en lo que está a su alcance, el hecho humano.

El creyente, sin embargo, en cuanto medita y contempla desde Dios cualquier aspecto de su existencia, deseando alcanzar la sintonía de su espíritu con ella, está en condiciones de crecer y madurar espiritualmente en ese aspecto de su vida. La fe nos da razón de lo que somos, mirándolo desde Dios. La mirada creyente de esa realidad, mientras se está viviendo, es la que hace que se vaya alcanzando cada vez más el auténtico valor de algo tan grande como es en nuestro caso el matrimonio, y que la persona humana se vaya transformando conforme a ella.

Si no es así, realidades tan excelsas caen bajo la tiranía de un espíritu dominado por las llagas que ha producido en la naturaleza humana el pecado: la flaqueza, la ignorancia, la malicia y la concupiscencia. Sometidos a esta tiranía, ejercida en todos los órdenes de nuestra vida, no es de extrañar que ésta se manifieste de forma especial en el matrimonio, puesto que los casados lo pueden considerar como de ámbito puramente privado, donde sólo y exclusivamente ellos, ni siquiera la ley de Dios, pueden decidir.

En un siglo en el que se nos llena la boca hablando de los derechos humanos sería incomprensible, si no fuera por las razones anteriormente indicadas, que socialmente el matrimonio esté vilipendiado y hasta en desventaja frente a cualquier otra forma de unión, rompiéndose su unidad con toda ligereza, sin tener en cuenta muchas veces para nada, ni haber hecho nada por salvaguardarlo, el bien de la pareja y el de los hijos.

Contraer matrimonio incluye en sí una serie de conceptos como son renuncia, abnegación, sacrificio. Es imposible que alguien intente conseguir algo arduo, difícil, sin que entren en juego todas estas actitudes espirituales de la persona. Es imposible construir algo tan noble sobre el fundamento de los siete pecados capitales, a los que todavía se les podría añadir la ligereza de espíritu, la inconstancia, la falta de seriedad.

Desde el momento en que se ha contraído el deber de la fidelidad en el compromiso matrimonial, la pareja debe estar dispuesta a que no le asuste nada ni arredrarse ante nada con tal de sacar adelante su matrimonio. El matrimonio no es un simple lugar de placer ni de diversión ni de compromisos sociales. Es una lucha permanente por edificarlo. Por conseguir el amor matrimonial, que es el que lo sostiene, y que comienza de verdad a tenerse entonces, cuando se lucha porque se mantenga y crezca.

El mejor programa de lo que debe ser el permanente esfuerzo por construir un auténtico matrimonio es lo que entre ellos se profesan en cualquiera de las fórmulas con que se contrae, pronunciadas con espíritu verdaderamente cristiano. Que lo que Dios ha unido nunca lo separe el hombre. Y el Señor ha unido, con lazos profundos y fuertes, al hombre con el amor, con la bondad, con ese don tan estimable que es el de poder hacer felices a quienes tiene a su lado. Pero el amor exige un conocimiento recíproco, al que es imposible llegar sin esa generosa disposición de la sinceridad mutua en la que se acepta al otro tal como es, sin exigirle, como previa condición, que tenga que cambiar en algo para poder quererle.

Hombre y mujer serán como una sola cosa. Porque uno solo es el amor que han recibido. No se trata de renunciar a lo que cada uno tiene como propio, sino de compartir y de dar. Es vivir el uno para el otro sin reservarse nada a cambio, a no ser el buen deseo de quererse cada día más.

Cosa grande y admirable es, pues, el matrimonio. Pero es un bien que pertenece a Dios, y solamente mirando y escuchándole a Él se puede comprender beneficio tan estimable. Si los ojos y el corazón no se dirigen hacia lo alto, nada se comprende y la generosidad del amor se trueca en egoísmo, en orgullo, en vanidad.

El matrimonio es pacto y alianza, pero no sólo entre el hombre y la mujer, sino entre los esposos y Dios. Porque el matrimonio es una señal, un sacramento, una alianza. Vosotros, dice el Señor, seréis mi pueblo y yo seré vuestro Dios. Es la alianza que hemos visto en el amor que Cristo ha manifestado por su Iglesia. Que por ella se entregó a la muerte para que siempre tuviera vida.

El sacramento del matrimonio, como el vino de Caná, nunca se acaba. Si con el tiempo, y tantas otras sinrazones, el amor se enfría o va camino de convertirse en el agua de la indiferencia recíproca, siempre estará llena, por la gracia del sacramento, la tinaja del vino generoso del amor de Dios para que se pueda acudir a ella.

El matrimonio ni es un simple contrato ni una asociación bilateral. Es una alianza en la que intervienen el hombre, la mujer y Dios. Se establece una unión que exige la fidelidad incondicional, tanto entre los esposos como de éstos con Dios. En esa fidelidad se expresa el reconocimiento del otro como único con el que se comparte un amor recíproco. El matrimonio es una comunidad permanente de vida y amor.

68. ¿Cuál es la postura de la Iglesia ante la separación o el divorcio? ¿Cuándo se puede «anular» un matrimonio?

La Iglesia procura la formación de los novios antes de la celebración del matrimonio y con una pastoral matrimonial y familiar adecuada en todo momento. Es obligación de los cónyuges el convivir juntos. Sin embargo se producen algunas situaciones en que humanamente es ya imposible la convivencia y la reconciliación matrimonial. Se llega entonces a la separación física, aunque los esposos no dejan por ello de ser marido y mujer. La Iglesia no admite en ningún caso el divorcio. La separación no es más que una solución extrema que rompe la obligación de la convivencia, pero no el vínculo matrimonial.

Muchas de las personas, tanto separadas como divorciadas, se encuentran en una situación difícil después de haber pasado por circunstancias muy dolorosas. La actitud de la comunidad cristiana debe ser de comprensión y de ayuda, tanto espiritual como material y humana. Lo que la Iglesia no puede hacer es disolver un matrimonio contraído válidamente. Los casos del matrimonio contraído y no consumado y del privilegio de la fe con relación a un no bautizado son casos ciertamente excepcionales en los que existe una verdadera y justa causa para la disolución del matrimonio.

La indisolubilidad es uno de los valores fundamentales del matrimonio cristiano. En los casos de dificultad e incluso de fracaso del matrimonio no puede suponerse la nulidad del mismo. Solamente lo será cuando haya una certeza moral de que lo que se hizo no fue un matrimonio cristiano ni una comunidad de vida y amor.

En principio hay que estar siempre por la presunción de validez en el matrimonio contraído. Sin embargo puede llegar a probarse que, por distintas causas, ese matrimonio, como matrimonio cristiano, nunca ha existido. Es entonces cuando un tribunal declara la nulidad. No se anula el matrimonio, se demuestra que no existió.

Las causas: existencia de algún impedimento antes de la boda. Impedimentos de edad, impotencia, vínculo con un matrimonio anterior, no bautizado, haber recibido una orden sagrada o haber emitido voto perpetuo de castidad en un instituto religioso, etc. Alguno de estos impedimentos puede haber recibido la oportuna dispensa. Otros no pueden ser nunca dispensados, como es el caso de la consanguinidad en línea recta y de primero y segundo grado de línea lateral.

Otra causa de declaración de nulidad del matrimonio es la del consentimiento, que es la incapacidad para realizar un compromiso de esta categoría como es el matrimonio. La falta de intención en contraer el matrimonio, la ignorancia sobre alguno de sus aspectos esenciales o la violencia a la que haya podido estar sometido para dar el consentimiento...

El tema de las declaraciones de nulidad salta con frecuencia a los medios de comunicación, sobre todo cuando se recibe la noticia de que los protagonistas de tal declaración son personajes famosos. No faltan entonces las críticas a los tribunales eclesiásticos y a la misma Iglesia. Que solamente los ricos y los famosos son quienes pueden obtener la declaración de nulidad. Basta acercarse a las memorias de los tribunales eclesiásticos que se publican anualmente para comprobar que tal afirmación es completamente falsa. Los medios de comunicación, como es lógico, solamente recogen aquellos casos que, por su notoriedad, son del interés de la opinión pública.

69. ¿Por qué no pueden recibir la eucaristía los divorciados y vueltos a casar civilmente?

La comunión eucarística, en la que se recibe el cuerpo de Cristo, expresa también la plena comunión con la Iglesia, la unión con Cristo y con todos los miembros que forman su Cuerpo místico. Sería una contradicción buscar la unión con Cristo distanciándose de la comunión con la Iglesia al no respetar sus disposiciones sobre el acceso a la eucaristía. Son ellos, los divorciados y vueltos a casar civilmente, los que no pueden ser admitidos —como expresan los documentos del magisterio— «dado que su estado y situación de vida contradicen objetivamente la unión de amor entre Cristo y la Iglesia, significada y actualizada en la eucaristía.... Para los fieles que permanecen en esa situación matrimonial, el acceso a la comunión eucarística sólo es posible por medio de la absolución sacramental, que puede ser concedida únicamente a los que, arrepentidos de haber violado el signo de la alianza y de la fidelidad a Cristo, están sinceramente dispuestos a llevar una forma de vida que no contradiga la indisolubilidad del matrimonio. Esto lleva consigo que cuando el hombre y la mujer, por motivos serios —como, por ejemplo, la educación de los hijos—, no pueden cumplir la obligación de la separación, "asumen el compromiso de vivir en plena continencia, o sea, de abstenerse de los actos propios de los esposos". En este caso, ellos pueden acceder a la comunión eucarística, permaneciendo firme, sin embargo, la obligación de evitar el escándalo» (*Carta de la Congregación para la doctrina de la fe,* 14-9-94).

En no pocas ocasiones, el magisterio de la Iglesia ha exhortado a los pastores a expresar el amor misericordioso de Cristo con aquellos que se encuentren en una situación matrimonial irregular. Pero, al mismo tiempo, tampoco se pueden ocultar las exigencias que para un cristiano tiene la recepción del sacramento de la eucaristía.

Es cierto que existen situaciones muy distintas y, sobre todo, el grado de convencimiento personal y subjetivo del estado de la propia conciencia. Sin embargo es la situación objetiva la que hace imposible el legítimo acercamiento a la comunión eucarística. En fidelidad a la palabra de Jesucristo, la Iglesia no puede reconocer como válidas nuevas uniones mientras permanece el anterior matrimonio.

La exclusión de la participación en la comunión eucarística no quiere decir que los divorciados y vueltos a casar estén fuera de la Iglesia. Al contrario, debe exhortárselos a acudir a la celebración de la misa, a leer y meditar la palabra de Dios, a realizar obras de caridad.

También existe la situación de quienes están convencidos, en su fuero interno, de la nulidad del matrimonio contraído anteriormente. En ese caso deben acceder a los competentes tribunales eclesiásticos, que son los que deben juzgar sobre la validez.

No deja de recomendarse un adecuado seguimiento pastoral de los divorciados que se han vuelto a casar. Comprender su situación, pero ayudarlos también a aceptar las disposiciones de la Iglesia sobre la comunión eucarística. El que no puedan acceder a esta comunión del Cuerpo de Cristo no quiere decir que deban abandonar su fe cristiana, sino buscar sinceramente la unión con Cristo y con la Iglesia.

70. ¿Es pecado mortal no ir a misa los domingos?

¿Por qué hay que ir a misa el domingo? ¿No se podría ir el día que mejor le pareciera a cada uno? Éstas son las preguntas que se repiten con frecuencia. En la celebración del domingo hay un reconocimiento de gratitud a Dios creador de todas las cosas. También el día de fiesta es como una celebración de la alianza entre Dios y su pueblo. Una señal externa de la alianza. No es un acto individual de simple devoción particular y privada.

El domingo es el día del Señor. El día de la salvación. El día de la Pascua. No celebrarla supondría que la fe está poco viva, que se ha olvidado la gratitud debida a Dios. Que se han olvidado los grandes misterios de nuestra fe.

Participar en la misa del domingo es como el acto más elemental de la vida cristiana. Hasta tal punto que muchos valoran su ser cristiano prácticamente en la medida que asisten a misa el domingo. Aunque la práctica cristiana no puede reducirse a la celebración dominical, no cabe duda de que es un indicativo muy claro de la fe que se vive.

Los fieles están obligados a participar en la eucaristía los días de precepto, a no ser que estén excusados por una razón seria. Los que deliberadamente faltan a esta obligación cometen un pecado grave (*Catecismo,* 2 181). Peculiares necesidades familiares o una gran utilidad social son una excusa legítima, pero procurando que no se creen hábitos perjudiciales a la vida religiosa. Si no se pudiera participar en la eucaristía, siempre hay obligación de santificar el domingo con la oración y las obras de misericordia. Es la obligación de alimentar la fe y de unirse a la comunidad cristiana en el culto a Dios por Jesucristo.

«En efecto, el precepto dominical orienta a los fieles hacia la fuente de la fe y de la vida de la Iglesia: la asamblea festiva en torno a la palabra de Dios y al sacrificio eucarístico. La participación en esta celebración permite a los cristianos descubrir su propia identidad y los hace capaces de vivir en comunión con sus hermanos y entregarse a su tarea en la sociedad humana El precepto tiene, además, un valor pedagógico para ayudar a vencer la pereza y el olvido, contribuyendo a la toma de conciencia de los fines religiosos y espirituales a los que sirve. Es necesario que la instrucción a los fieles sobre la obligatoriedad personal del precepto festivo vaya apoyada en los auténticos motivos de la santificación de las fiestas, y que se eduque en el sentido profundo de la obligación interior del cristiano, que debe obedecer no por imperativos legalistas sino, sobre todo, movido por el amor y la fidelidad al Señor» (CEE, *Sentido evangelizador del domingo y de los días de fiesta,* 1992, 14).

En un reciente documento sobre el día del Señor, Juan Pablo II dice que «al ser la eucaristía el verdadero centro del domingo, se comprende por qué, desde los primeros siglos, los pastores no han dejado de recordar a sus fieles la necesidad de participar en la asamblea litúrgica [...] La llamada de los pastores ha encontrado generalmente una adhesión firme en el ánimo de los fieles y, aunque no hayan faltado épocas y situaciones en las que ha disminuido el cumplimiento de este deber, se ha de recordar el auténtico heroísmo con que sacerdotes y fieles han observado esta obligación en tantas situaciones de peligro y de restricción de la libertad religiosa, como se puede constatar desde los primeros siglos de la Iglesia hasta nuestros días [...] El domingo y las demás fiestas de precepto, los fieles tienen obligación de participar en la misa. Esta ley se ha entendido normalmente como una obligación grave» (*Dies Domini,* 46-47).

71. ¿Por qué no se permite la confesión colectiva? ¿Por qué se han de confesar los pecados a un sacerdote y no directamente a Dios?

La «confesión colectiva» no existe. Otra cosa es la confesión general con absolución general, que puede permitirse en ciertas ocasiones. De todos modos, la confesión no es una simple declaración de los pecados, como si se tratara de una especie de presentación de la lista de las faltas y errores cometidos. Lo que se manifiesta no son únicamente los pecados, sino la actitud interior de arrepentimiento ante el mal cometido, del reconocimiento de la misericordia de Dios que perdona, de la voluntad de hacer lo posible por reparar el daño ocasionado y de no volver a pecar.

Hay, por tanto, en la confesión una condición de arrepentimiento y de seguridad en la reconciliación con Dios. Aunque tus pecados sean como la grana, blanquearán cual la nieve. Y si fueran rojos como el carmesí, quedarán como la lana. Así lo dice la Escritura (Is. 1, 18).

Siempre es Dios quien perdona y al que el pecador se dirige en la confianza de ser perdonado. Pero la confesión a Dios se realiza en la Iglesia, porque Jesús le ha dado ese ministerio del perdón y de la reconciliación, de atar y desatar, de perdonar y retener.

El sacerdote no es el ofendido ni perdona en nombre propio. El confesor no es más que un servidor y ministro de la misericordia y del perdón que Dios ha puesto en sus manos. Como en otros sacramentos, el sacerdote actúa en persona de Cristo, con las mismas acciones de Cristo.

Jesucristo ha puesto los sacramentos en manos de la Iglesia y a la Iglesia hay que acudir para celebrarlos. No son acciones individualistas, que cada uno puede realizar a su gusto, sino expresión de la voluntad salvadora de Dios. Que los sacramentos estén en la Iglesia no quiere decir que se celebren de una manera colectivista, indiscriminadamente. Cada uno ofrece su disposición y a cada uno individualmente llega la gracia.

En el sacramento de la penitencia, de la confesión, no puede faltar el arrepentimiento, la confesión de los pecados, la absolución y el propósito de enmienda. Siempre se trata de una acción personal, individual, si bien celebrada en la Iglesia. No cabe una «confesión colectiva». Otra cosa distinta es que en casos de necesidad, especialmente graves, se puede recurrir a una *confesión y absolución general.* Aun en este caso, que ha de hacerse con el permiso del obispo diocesano, siempre queda la obligación de confesar los pecados individualmente a su debido tiempo.

72. Cada vez se confirman menos católicos. ¿Qué ocurre cuando se reducen los sacramentos al bautismo y al matrimonio?

Desde hace algunos años, el sacramento de la confirmación ha tenido una actualidad notable. No sólo se celebra en la adolescencia y en la juventud sino que cada vez es más frecuente el encontrarse con adultos que solicitan y reciben el sacramento de la confirmación.

Se ha cuidado mucho, en las parroquias y en los colegios, la catequesis previa al sacramento de la confirmación. Con resultados notables de participación, aunque siempre queda el interrogante sobre la perseverancia en la vida y misión de la Iglesia.

Reducir la vinculación a la Iglesia a la celebración de los sacramentos del bautismo y del matrimonio puede hacer sospechar que el cristiano lo es solamente de una manera sociológica. Que pertenece a un grupo al que ha llegado por un bautismo que ni ha pedido ni ha actualizado. Se casa por la Iglesia, con unas motivaciones no siempre religiosas y sin una conciencia clara de la fe y del sacramento que se recibe.

La escucha y meditación de la palabra de Dios, la participación en la eucaristía, la celebración de los sacramentos, la práctica de la caridad, la oración y el testimonio de vida cristiana son elementos fundamentales para confesar y mantenerse en la fe de Jesucristo.

Abandonar la práctica religiosa es ponerse en un grave peligro de anemia espiritual, incluso de pérdida de la fe. En el mejor de los casos, y por la misericordia de Dios, la fe queda reducida a unas prácticas casi rituales y con escasa profundidad religiosa. Con frecuencia, y al faltar el alimento de la oración y de la gracia de los sacramentos, el secularismo va robando la fe a la existencia humana. Dios existe, pero el hombre, sin práctica religiosa, se ha colocado en un mundo distinto al de Dios.

73. ¿Cuál es el fin del celibato en la Iglesia?

Medio aptísimo para la alegría en el servicio divino y en las obras de apostolado. El celibato por el reino de los cielos no es solamente fruto de una opción libre del hombre, sino gracia especial por parte de Dios. Requiere, también, una vocación especial y una donación de sí mismo por amor, de manera total y sin reservas. Un regalo del amor de Dios a los que ha llamado a esta vocación especial y, por su medio, a la Iglesia. La opción por el celibato es una adhesión absoluta a Dios, amado sobre todas las cosas y al servicio de su reino.

El celibato voluntario constituye un estilo particular de vida que tiene un valor incalculable para la Iglesia y una eficacia inigualable para todos los que en el mundo buscan el reino de Dios. Jesús es el modelo. Y el celibato un poderoso testimonio del amor exclusivo a Cristo, al que se quiere seguir y cuya vida se desea imitar. El celibato consagrado configura con Cristo crucificado y lleva a una participación más profunda en el misterio de la redención.

No cabe duda de que el amor universal, libre, generoso, entregado tiene un gran valor, no sólo espiritual y religioso sino profundamente humano, y que ayuda a valorar a las personas por sí mismas y no por sus cualidades.

74. ¿Por qué se opone la Iglesia al sacerdocio de la mujer?

Juan Pablo II, en un encuentro con algunos obispos de Estados Unidos, hablaba de esta manera: «Como obispos, debéis explicar a los fieles por qué la Iglesia no tiene autoridad para conferir a las mujeres el sacerdocio ministerial y, a la vez, aclarar por qué no se trata de una cuestión de igualdad de las personas o de los derechos que Dios les dio. Dios otorga el sacramento del orden sagrado y el sacerdocio ministerial como un don. La Iglesia realiza el discernimiento.

»La enseñanza de la Iglesia según la cual únicamente los varones pueden recibir la ordenación sacerdotal es expresión de fidelidad al testimonio del Nuevo Testamento y a la tradición constante de la Iglesia, tanto de Oriente como de Occidente. El hecho de que Jesús mismo haya elegido y designado a varones para ciertas tareas específicas no disminuye en absoluto la dignidad humana de las mujeres, que claramente quiso destacar y defender; al hacerlo no relegó a las mujeres a un papel meramente pasivo en la comunidad cristiana. El Nuevo Testamento muestra que las mujeres desempeñaron un papel fundamental en la Iglesia primitiva. El testimonio del Nuevo Testamento y la tradición constante de la Iglesia nos recuerdan que el sacerdocio ministerial no puede entenderse con categorías sociológicas o políticas, como un asunto de ejercicio de "poder" dentro de la comunidad. El sacerdocio del orden sagrado tiene que comprenderse teológicamente, como una forma de servicio en la Iglesia y para la Iglesia. Este servicio asume muchas formas, como son muchos los dones que da el mismo Espíritu.

»Las Iglesias, en particular la católica y la ortodoxa, que sitúan la sacramentalidad en el centro de la vida cristiana, y la eucaristía en el centro de la sacramentalidad, están convencidas de que no tienen autoridad para conferir a las mujeres el sacerdocio ministerial. Por el contrario, las comunidades cristianas, cuanto más se alejan de una comprensión sacramental de la Iglesia, de la eucaristía y del sacerdocio, tanto más fácilmente confieren una responsabilidad ministerial a las mujeres. Se trata de un fenómeno que deben analizar más profundamente los teólogos, en colaboración con los obispos. Al mismo tiempo es indispensable que sigáis prestando atención a toda la cuestión del modo en que se fomentan, se acogen y se aprovechan los dones específicos de las mujeres en la comunidad eclesial. El "genio" de las mujeres debe ser cada vez más una fuerza vital de la Iglesia del próximo milenio, precisamente como lo fue en las primeras comunidades de discípulos de Jesús» (Juan Pablo II, 21-5-98).

VIII. LA IGLESIA COMO INSTITUCIÓN

75. ¿No resulta excesivamente centralizada la Iglesia en una sociedad que cada día es más democrática?

La democracia, como sistema de gobierno, asegura la participación de los ciudadanos en las opciones políticas y les da la posibilidad de elegir y controlar a sus propios gobernantes. Así se ha expresado la misma Iglesia en su magisterio, reconociendo la democracia como una forma apreciable de gobierno, siempre que exista un Estado de derecho y se respete una recta concepción de la persona humana (*CA,* 46).

Reconociendo los valores e importancia de la democracia en el gobierno de los pueblos, la Iglesia tiene que ser fiel a sí misma, a su origen y constitución. Cristo instituyó en su Iglesia diversos ministerios ordenados al bien de todo el pueblo. Fue el mismo Cristo el que envió apóstoles para que gobernaran la Iglesia, igual que Él había sido enviado por el Padre. Son los obispos, sucesores de los apóstoles que, junto con el sucesor de Pedro, Vicario de Cristo y cabeza visible de toda la Iglesia, rigen la Iglesia (*LG,* 18).

Volvamos a la democracia como forma de Estado y de gobierno. Si bien no son pocas las diferencias que puedan existir en esa misma democracia, siempre se trata de un servicio para el pueblo y desde el pueblo. El pueblo elige y controla a sus gobernantes. Este esquema no es válido para la Iglesia. Pues ésta no es un Estado. Es, en Cristo, una señal de la unión con Dios y con los hombres, como un sacramento, una comunidad que va peregrinando por este mundo entre persecuciones y consuelos. La Iglesia es el Cuerpo de Cristo y se rige como tal Cuerpo.

Ahora bien, una cosa es que la Iglesia, por su constitución, sea jerárquica y otra cosa distinta es que no use de elementos muy válidos de un sistema democrático, como pueden ser las diversas formas de participación de los fieles en el gobierno pastoral de la Iglesia. Particularmente, después del Vaticano II, ha habido una notable «democratización» en la Iglesia. Pensemos en la universalización del colegio cardenalicio y de la curia vaticana, la gran importancia de las conferencias episcopales, los sínodos, los consejos presbiterales y pastorales, la aplicación de los principios de corresponsabilidad y de subsidiariedad... La constitución y estructura de la Iglesia no significa que se trate de una institución rígida y centralista.

76. ¿Cuál es la misión que tienen en la Iglesia organizaciones como el Opus Dei, Comunión y Liberación...? ¿Se es mejor cristiano perteneciendo a alguna de ellas o siendo un cristiano de la calle?

El ser buen o mal cristiano se *mide* por la fidelidad a Cristo y a su evangelio. Todo lo demás son ayudas y apoyos que facilitan ese acercamiento a Cristo.

En torno a la fiesta de Pentecostés de este año, el papa reunió en Roma a diferentes movimientos, comunidades y grupos eclesiales más conocidos. La Prelatura del Opus Dei hizo saber que no participaba en el encuentro porque, en cuanto tal, no forma parte, por su estructura, de los movimientos.

Hay mucha variedad en los mismos movimientos. Mientras unos ofrecen una manera particular de ejercer cierto tipo de apostolado, de evangelización, en un sector determinado, otros se constituyen en verdaderas comunidades que ofrecen una manera de vivir la experiencia cristiana.

En ese mismo encuentro de Pentecostés, Juan Pablo II daba sabias orientaciones sobre los movimientos eclesiales y las nuevas comunidades. Todos ellos están unidos en la misma comunión y en la misma misión. Los carismas están dados para el bien común, para el beneficio de toda la Iglesia. Los movimientos reconocidos por la autoridad eclesiástica se proponen como forma de autorrealización y reflejo de la única Iglesia. Es necesario que cada movimiento se someta al discernimiento de la autoridad eclesiástica competente. Por esto, ningún carisma se dispensa de la referencia y de la sumisión a los pastores de la Iglesia.

Como no podía ser de otro modo, los seglares han estado siempre presentes en la vida y el apostolado de la Iglesia. Momentos hubo de mayor o más desigual participación. Tampoco faltaron las tensiones y los días con dificultades de entendimiento. Todo ello podía ser uno de los signos de la vitalidad de los movimientos seglares, luchando continuamente entre la fidelidad y la actualización.

En las acciones de la Iglesia hay siempre una condición indispensable: la voluntad evangelizadora. La Iglesia no tiene otra razón de existencia que no sea la de vivir y anunciar el evangelio de Jesucristo. El militante de movimientos eclesiales *vive* como discípulo de Cristo, da *testimonio* de fe con obras y palabras, *anuncia* el evangelio e invita a seguir a Jesucristo, *asume* como propio el fin apostólico de la Iglesia, que no es otro que el de la evangelización y santificación de los hombres.

Desde hace tiempo se está abriendo camino una cultura nueva que quiere caracterizarse por un mayor desarrollo de la responsabilidad y el convencimiento de lo que significa y a lo que obliga la dignidad humana. Una cultura que reconoce la tensión interior que llama a lo trascendente, la necesidad del testimonio confesante de la fe, el permanente diálogo y presencia en todas las realidades en las que se mueven los hombres, el ofrecimiento convencido y sincero, por parte del creyente, de las razones y esperanzas en las que apoya la vida, del servicio comprometido y solidario a los demás, de la valoración del hombre por encima de las cosas...

Los movimientos eclesiales quieren ser respuesta de los movimientos laicales a esa situación en la que, detrás del valor simplemente cultural, hay un misterio irrepetiblemente nuevo: el de la presencia y la acción del Espíritu de Dios.

Como una familia numerosa, variada, universal, metida en las realidades concretas de este mundo, iluminada y dirigida por el amor y la fuerza del Espíritu Santo, así aparece la Iglesia. Hombres y mujeres de toda raza y nación han sido llamados. Cada uno aporta su diferencia y recibe dones y favores distintos. Son los carismas, las fuerzas y la gracia que necesita para llevar a cabo una misión en favor de toda la comunidad, de todos los hombres y mujeres que forman la gran familia de Dios.

El intercambio de dones, culturales y espirituales, no sólo es camino para el enriquecimiento mutuo, sino valoración y reconocimiento de la identidad y misión de cada uno, siempre unidos en la sólida comunión de la única Iglesia. Nada se pierde de la propia y más característica identidad. El seglar, ofreciendo el valor de su propia secularidad a la comunión de la Iglesia, se reafirma en su propia vocación laical.

Buscar el Reino de Dios, ocuparse de las realidades temporales, ordenarlas según la voluntad del único Señor. Así queda definida la vocación eclesial del seglar. Siempre la primacía es de Dios y del Reino que Jesucristo nos anuncia y promete en las bienaventuranzas. Con esta luz del evangelio en la mente y en el corazón, habrá que llegar allí donde están las ideas y el trabajo, la familia, el barrio, la educación, la cultura, los compromisos sociales, la solidaridad... y poner en todo el mensaje de Cristo. Sin imposiciones obligadas y contundentes, pero con la fuerza de un amor convencido e identificado con Jesucristo y la vocación evangelizadora y seglar que se ha recibido. La Iglesia existe para evangelizar. Los movimientos eclesiales y seglares no quieren ser otra cosa que un movimiento de la Iglesia, un movimiento evangelizador.

El seglar cristiano, el hombre y la mujer de los movimientos eclesiales llevan consigo el convencimiento de su fe y la urgencia de llevarla a todos los ámbitos sociales en las que viven los hombres. Unas realidades que tienen valor en sí mismas, sin que ello suponga negar la existencia y la relación con Dios, que es fuente, origen y meta de todo.

En la actualidad son muchos los movimientos, asociaciones y comunidades que desean responder, siempre desde el evangelio, a las múltiples exigencias pastorales del mundo y de los hombres de hoy.

Cada movimiento o asociación tiene su finalidad, sus objetivos concretos. Unos y otros se complementan y ayudan mutuamente y se ofrecen colaboración. Todos están en la Iglesia, sirven a la Iglesia, persiguen idénticos ideales de santificación personal y anuncio del evangelio. Cada uno tiene su carisma, su estilo y sus métodos de evangelizar. Unos y otros son complementarios. Todos colaboran en la misma y única misión de la Iglesia.

Sea cual fuere el estilo de la asociación, movimiento o comunidad, siempre hay unos elementos comunes incuestionables e imprescindibles para todos: testimonio de la buena noticia de la salvación en Jesucristo, ayudar a la conversión personal y colectiva de los hombres, anuncio explícito de la vida y doctrina de Jesucristo, catequesis y vida sacramental, llenar el mundo con los valores del evangelio.

Debe pasar definitivamente el tiempo para esa mentalidad privaticista que considera todo lo referente a la fe y al comportamiento cristiano como algo totalmente individual y que debe quedar en la intimidad de cada uno. Mucho peor todavía sería el querer, a toda costa, vivir la fe en el anonimato, sin práctica ni testimonio, por miedo a recibir el rechazo, la burla o la marginación social que puede acarrear el ser cristiano y vivir como tal.

77. ¿Para qué sirven las monjas de clausura?

Los contemplativos, monjes y monjas de vida contemplativa, que solemos llamar «de clausura», aunque no siempre se identifiquen una y otra, son buscadores de Dios, especialistas en la oración, los que orientan la vida a la consecución del puro amor. Testimonian el Reino ya presente en el Resucitado mediante el Espíritu. Personas que irradian los grandes valores del evangelio, expresión singularísima de un amor gratuito y de una entrega incondicional a Dios.

Contemplan el rostro transfigurado del Señor para confirmarse en la fe, permanecer en Cristo y que Él permanezca en la propia vida. Imitan a Cristo orando en el monte, imagen especial de Jesús pobre y crucificado. Alimentan secretamente a la Iglesia con el dinamismo del amor por el que se asumen las necesidades de todos los hombres. Renunciar a todo para donarlo todo, se ofrecen a Jesús por la salvación del mundo. Son el corazón invisible que late para la redención de los pecadores, la santificación de los justos, la propagación del evangelio. Icono particular del misterio de María en la Iglesia. Son un signo profético de la primacía divina sobre todas las cosas, vida oculta y humilde consagrada al amor y la gloria del Padre.

La soledad, el silencio, la escucha de la palabra de Dios, el culto divino, la ascesis, la oración, la mortificación, la comunión en el amor fraterno son, al mismo tiempo, medios indispensables y elementos identificadores de la vida contemplativa. En forma alguna, y en contra de lo que pudiera parecer, la *clausura* no limita, ni reduce, ni «encarcela el amor», sino que ensancha los límites de tal manera que la amplitud del universo se hace espacio donde puede encontrarse el amor oblativo de la persona consagrada. Es la libertad incondicional del amor que rompe cualquier tipo de frontera. La clausura no esconde, sino que hace presente la gracia de una misteriosa comunión. No aparta de las preocupaciones y afanes evangelizadores, sino que los vive y se compromete con ellos de una manera diferente, actuando como invisible levadura capaz de hacer fermentar una masa que no se ve, pero a la que se puede llegar por la intencionalidad del amor. La separación física de un grupo humano inmediato lleva a la aceptación de la humanidad entera como la comunidad en la que se vive, en unión mística, y por la que el contemplativo se ofrece a Dios. Es, por tanto, una señal luminosa de comunión fraterna universal, y de caridad sin fronteras. La separación física resalta más el misterio de la comunión de los santos.

La experiencia de Dios no aísla, sino que une. Las comunidades claustrales prefiguran visiblemente la meta hacia la cual camina la entera comunidad eclesial. Son, por ello, signo de unión con el pueblo de Dios. Cuanto más grandes y urgentes puedan ser las necesidades, más valor tiene la vida contemplativa, que conserva una misión importante en la vida de la Iglesia, aunque el apostolado activo sea una urgente necesidad en el mundo de hoy. Es el reconocimiento concreto de la palabra de Cristo sobre lo único necesario. La Iglesia tiene necesidad de esta oración de los contemplativos para crecer en su unión con Cristo y obtener las gracias necesarias para su desarrollo en el mundo. Por consiguiente, los contemplativos, los monjes, los monasterios de clausura son también testigos de la prioridad que la Iglesia atribuye a la oración y de la fidelidad a Jesucristo.

Apostolado primordial y fundamental es esta misma vida contemplativa, su modo propio de ser y de cumplir una misión dentro de la Iglesia. Como signo de un amor incondicional a Cristo y un deseo ardiente de participación en la obra redentora. Testimonio de esperanza, de la primacía de Dios, de vida fraterna, de oración y alabanza, de fecundidad espiritual. Una espera activa: compromiso y vigilancia. Así lo ha demostrado la historia de la vida consagrada, que siempre ha producido frutos abundantes también para el mundo. La primacía de Dios es plenitud de sentido y de alegría para la existencia de la persona consagrada. El ocuparse únicamente de Dios es un apostolado sumamente eficaz para que el mundo comprenda el amor infinito de Dios. Fecundidad espiritual con la extraordinaria eficacia por el valor del amor, que es fermento interior y signo visible de la acción misericordiosa de Dios en el mundo. Maravillosa fecundidad espiritual de entrega a su Cuerpo, que es la Iglesia.

También la opción evangélica por los pobres ocupa un lugar de preferencia en la vida contemplativa. Las personas consagradas, por su propio modo de vida, estarán en condiciones de denunciar las injusticias, permaneciendo libres de cualquier ideología. Adopción de un estilo de vida humilde y austero, acogida y hospitalidad. Asumir la realidad de todos los pobres y de todas las pobrezas.

La misma vida contemplativa es un apostolado, pues todo está ordenado para la oración. Y es la Iglesia quien medita con ellos mismos. También aquí pueden aplicarse las palabras evangélicas: los últimos, aparentemente, son los primeros en la eficacia del apostolado.

78. ¿Por qué no se venden los tesoros artísticos del Vaticano?

Aunque la pregunta se refiere directa y explícitamente a los tesoros artísticos del Vaticano, se puede interpretar en un sentido más amplio y en referencia a las obras de arte en posesión de la Iglesia.

Los bienes culturales de la Iglesia deben utilizarse de una manera adecuada. Y no siempre la mejor manera es desprenderse de ellos. En primer lugar porque no son únicamente unos bienes económicos, aunque puedan tener gran valor. Tampoco es cuestión de valorar los bienes sólo por los beneficios en dinero que puedan aportar. Ni siquiera el patrimonio artístico de la Iglesia puede considerarse nada más que como un conjunto de bienes culturales.

En ese patrimonio artístico y cultural de la Iglesia se refleja la devoción secular del pueblo cristiano que construye templos y talla imágenes para ayudarse a vivir y a crecer en la fe. Arquitectura, pintura, orfebrería, escultura..., todo está ordenado al servicio de la fe, con una pedagogía fácil de comprender para el pueblo cristiano. Medio de evangelización e instrumento pastoral para hacer comprender mejor el misterio de lo invisible.

Usar adecuadamente los bienes culturales no es simplemente desprenderse de ellos, sino buscar su verdadera misión, que es siempre evangelizadora. Aunque también esos bienes pueden ser una fuente de recursos para que la Iglesia pueda realizar su misión evangelizadora y de atención a los más pobres.

Por otra parte, aunque la Iglesia sea propietaria y titular de muchos bienes artísticos y culturales, no por ello deja de estar sujeta a las leyes civiles que regulan la protección, custodia y transacción de esos mismos bienes.

La Iglesia manifiesta constantemente su voluntad de revisar la situación y utilidad de los bienes que posee, de su recto uso y conservación y, también, de contribuir y apoyar todo aquello que redunde en bien de la comunidad. Ello es señal de cuidado y estima al patrimonio cultural y artístico que posee la Iglesia, y que ofrece a la comunidad humana en la que vive, a fin de que ese patrimonio pueda servir mejor a los intereses de la sociedad.

No se puede perder tan precioso legado como son los bienes artísticos y culturales, sobre todo por el valor que tienen. La Iglesia ha procurado cuidarlos con el mejor de los esmeros y con los reducidos medios con los que ha contado. Legado tan importante no se puede perder. Y el legado no lo constituyen únicamente los edificios o las obras de arte, sino la voluntad de contribuir a que la Iglesia pueda desempeñar su misión evangelizadora. Son un símbolo de la presencia de la Iglesia en medio de la sociedad a la que trata de servir y de conservar los legados recibidos, emplearlos debidamente y colaborar con las instituciones públicas dedicadas al servicio de la sociedad.

79. ¿Cuánto cobra un obispo o un párroco?

No son trabajadores asalariados y, por tanto, no puede decirse, con propiedad, que tengan sueldo alguno fijo. Tanto el obispo como los sacerdotes, sean párrocos o no, reciben una cantidad a modo de ayuda a su ministerio. Esta ayuda en general no supera el salario mínimo interprofesional, en el caso del sacerdote, y el doble en el del obispo. Las otras ayudas provienen de la contribución de los fieles.

80. ¿Existe una virtud evangélica de la pobreza?

No es algo apetecible. Más bien, la pobreza repugna a los deseos humanos, aunque haya habido, en diversas épocas de la historia, filósofos que buscaban una idílica situación de quietud interior prescindiendo de todo. Pero, salvo esos casos singulares, la pobreza es como una losa que ha caído encima y no hay más remedio que soportarla.

Por otro lado, la pobreza se convierte en un capítulo de auténtica vergüenza en la historia de la humanidad. Produce repulsión tanto en quien la padece como en quien la contempla. A uno le viene la amargura de su propia existencia. Al otro, de su sensibilidad. En una palabra: la pobreza se considera como un mal que se debe erradicar, pues es la causa inmediata de la agresión a la dignidad humana, de la falta de libertad, de participación, de bienestar social.

Buscar la pobreza como forma de vida puede ser considerado como una carga social. Además, resulta un extraño contrasentido el considerar la pobreza como un mal y elegirla, al mismo tiempo, como ideal de vida.

El seguimiento de Cristo es el que va a justificar cualquier tipo de ruptura con la situación económica o social de aquellos que son llamados. Si esa llamada es precepto o consejo, es cuestión que pertenece más a la consideración de la responsabilidad moral y de la vocación de aquellos que son los llamados que a la fuerza del amor de quien llama a seguirle.

Hay una pobreza a la que se llega por la conversión del corazón. La del que elige ser pobre y se abandona en Dios con un profundo desprendimiento interior y con un real desapropio de bienes materiales. Dios es la riqueza y el tesoro, la heredad y el salario.

Otra perspectiva de la pobreza, a la que se llega desde la responsabilidad evangélica del servicio a los pobres como respuesta a un compromiso por la justicia del reino. Una carencia real y severa de los bienes temporales lleva a la situación de miseria sociológica, que no tiene nada que ver con la pobreza evangélica como opción personal de renuncia voluntaria de las cosas para identificarse mejor con Jesucristo. Sin embargo, esa indigencia no deja indiferente al que desea seguir caminos evangélicos de pobreza. Si Dios escucha el grito de los pobres, quien desea ser verdaderamente pobre según el Espíritu de Dios tendrá que hacer suya la causa de estos pobres.

En una situación de pobreza real es muy difícil el ejercicio de los derechos individuales, de la participación. La pobreza por el reino de Dios no sólo no prescinde de estos derechos sino que los exige, los defiende, busca el reconocimiento efectivo de los mismos y lucha contra aquellas causas que producen la exclusión de los más débiles en el bienestar social.

La pobreza evangélica debe ser también objetiva, pero buscada y querida, más como actitud personal y respuesta a una motivación vocacional que como realidad ineludible de una carencia. Por el reino de los cielos y con los hombres en la tierra. Una pobreza espiritualizada sin sentir el aguijón de la limitación, la carencia y hasta la marginación social resulta evasiva, no testimoniante, incoherente.

El caso contrario es sobreponer el factor económico al de una verdadera actitud evangélica de renuncia y desprendimiento. El voto religioso se hace a Dios, no a las cosas. El mérito no está en el desprecio a los bienes de este mundo, sino en el amor al Creador de todos ellos.

Se puede considerar la pobreza como un atentado al progreso y al legítimo Estado del bienestar. Ni se trata de abandonar a los pobres en su estado ni de convertirlos en ricos. Tampoco de hacer que los que tienen dejen de tenerlo, sino de ser testigos creíbles de la pobreza en sentido evangélico. La pobreza no es un estado de indiferencia y evasión del preocuparse por la subsistencia, sino de verdadero interés por trabajar por conseguir el ideal que el evangelio nos ha predicado.

Hablamos de la pobreza como actitud y comportamiento evangélico, que busca la identificación con Cristo pobre, que libera de los afanes terrenos, que se pone junto a los pobres y excluidos y se convierte en testimonio comprometido de vida cristiana. Así entendida, no cabe duda de su gran valor espiritual y social.

Cuando el amor a los pobres llega sinceramente al corazón, la vida descubre una inagotable fuente de motivación para afrontar las mayores dificultades en favor de aquellos que son considerados como los preferidos del Señor. En cualquier forma de consideración de la pobreza, solamente el contenido religioso es el que da valor a lo que, desde otros puntos de vista, no puede ser más que altruismo, utopía vacía de esperanza.

En el centro de la vida en pobreza reside la caridad, que es amor a Dios y solidaridad fraterna. Servicio al desvalido y signo de esperanza, convirtiéndose así en valor profético que anuncia un reino verdaderamente nuevo: el de Jesucristo, que llega para anunciar la buena noticia a los pobres y el año de salvación para los oprimidos y los esclavizados.

La pobreza, libremente asumida, identifica con Jesucristo y pone al hombre en disposición de buscar sinceramente el reino de Dios, con dependencia absoluta de Dios. Entregándose a los demás y renunciando a cualquier otra voluntad y poder que no sean los de hacer la voluntad de Dios. La pobreza, así concebida y practicada, es fidelidad completa y generosa al Padre. Manantial permanente de alegría, pues el gozo de servir a Cristo pobre conduce a la dicha inmensa de sentirse querido por

Dios. El pobre, por el reino de Dios, es el hombre verdaderamente nuevo, no porque sea pobre sino porque ha encontrado la perla preciosa del amor de Dios.

81. ¿Está obligado todo cristiano a aportar dinero a la Iglesia?

La Iglesia peregrina por este mundo. Participando en los problemas de los hombres y necesitando de la ayuda de todos, a fin de poder cumplir mejor la función, primeramente espiritual, que se le ha confiado.

Contribuir a la economía de la Iglesia, aunque no sea lo principal, es uno de los signos que, de manera externa, más significa la pertenencia a la comunidad. A lo que es de todos contribuimos todos. Y lo hacemos con alegría, con generosidad.

La contribución es personal, a la que todos están llamados y ninguno debe sustraerse de ella. Es una manera efectiva de significar, de algún modo, la pertenencia a esta comunidad. Es una señal, como un reconocimiento de que se es miembro de esta comunidad. La aportación que se realiza es una manera de manifestar sensiblemente la gratitud por la ayuda, por el bien que se recibe.

Una pertenencia sin participación es una pertenencia muerta. Está el nombre en el libro de los bautizados y la vida en el libro de los alejados, de los que casi han desaparecido. Se participa con el interés por los proyectos y problemas comunes, con la oración, con la alegría por los logros conseguidos, con el apoyo mutuo y la contribución económica.

Se necesita la ayuda de todos, pues a todos se ha de llegar en muchos proyectos distintos y necesarios: obras de caridad y asistencia, construcción de templos, educación y formación de personas, ayuda a otras Iglesias más necesitadas, etc. Por otra parte hay que ir dando pasos hacia esa necesaria autofinanciación. No por sentido orgulloso de independencia, sino por una verdadera necesidad de arbitrar los recursos imprescindibles para poder practicar libremente nuestra fe.

En medio del mundo y formada por hombres, pero animada por el Espíritu de Dios, la Iglesia necesita aquellos recursos que hacen posible el que pueda llevar adelante su función evangelizadora. Esos recursos tienen que provenir, en su mayor parte, de la misma comunidad eclesial. Si bien es justo que se reciban otras ayudas de los organismos encargados de tutelar el bien común, en virtud del derecho que tiene el ciudadano de profesar libremente la religión conforme a su conciencia. Y en razón, también, de la contribución que la Iglesia realiza en acciones sociales que benefician a toda la comunidad.

Contribuir al sostenimiento de la Iglesia es una obligación moral de todos y cada uno de cuantos la componen. El cuidado de los pobres, la atención a los enfermos y ancianos, la catequesis, el culto, la acción misionera de la Iglesia necesitan unos recursos materiales. Y con presupuestos muy reducidos se hacen obras admirables, por su valor religioso y social.

Sería una actitud casi parasitaria la falta de colaboración. Son muchas obras de caridad, de formación, de promoción social, de culto, de pastoral familiar, penitenciaria, de los enfermos y ancianos, misionera, de catequesis..., que contribuyen al bienestar, incluso material, de todos. No pueden ser unos pocos los que trabajen y aporten y todos los que se beneficien.

La ayuda material a la Iglesia, a la comunidad cristiana a la que se pertenece, no es un simple gesto de largueza, sino una obligación: la de compartir los bienes que se tienen para que sirvan de ayuda para todos.

82. ¿Qué fin persigue la existencia de colegios católicos?

Reconocer el incuestionable respeto al derecho de los padres sobre el tipo de educación que desean para sus hijos. Juan Pablo II, en diciembre de 1991, decía a un grupo de obispos españoles: «La escuela católica está asentada sobre el derecho, universalmente reconocido, de las personas físicas y jurídicas a crear y dirigir centros de enseñanza. Esta escuela ha ofrecido hasta nuestros días un amplio servicio a la sociedad española; pero ahora se ve enfrentada a restricciones legales y de otra índole que la hacen cada vez más precaria y que incluso amenazan la subsistencia misma de no pocos centros escolares. En las presentes circunstancias y ante la tentación de abandono de esta irrenunciable tarea, los cristianos han de estar dispuestos a una colaboración decidida y generosa a fin de mantener y adaptar esta institución educativa, tan importante para la misión de la Iglesia y para la misma sociedad civil.»

La profesionalidad, la entrega y la responsabilidad del profesor cristiano serán el mejor camino para lograr ese hombre y esa mujer del mañana, fieles a su fe y empeñados en construir una verdadera comunidad humana en la que brillen siempre los mejores valores. Muchas pueden ser las dificultades que se presentan al educador y a la escuela católica para conseguir sus objetivos. Sin embargo, una decidida identidad cristiana y una verdadera calidad de enseñanza son la mejor garantía para conseguir los objetivos, que no son otros que la formación integral de la persona, como lo requiere la importancia de la educación cristiana y de la necesidad de un talante nuevo que responda a los retos que hoy se presentan en el marco de una sociedad plural y democrática.

Por tanto, la labor educativa de la escuela católica tiene que estar permanentemente iluminada por unos convencimientos que son como la identidad y los principios sobre los que se mueve esa evangelización. Incuestionable y bien definida identidad cristiana. No solamente estatutaria y escrita en el ideario del centro, sino vivamente reflejada en la organización, las actividades, los contenidos de los programas, el testimonio de las personas. La escuela como instrumento evangelizador para anunciar a los hombres la Buena Noticia de Dios. Haciéndolo, naturalmente, con las actividades propias de la escuela. Nunca sería una buena escuela católica aquella que hiciera dejación de su deber fundamental de instruir y educar al hombre en su integridad. Una escuela sin un alto nivel de calidad de enseñanza no sería una escuela evangelizadora.

Atentos a la realidad en que vive el hombre al que educar. Acercándose a su lenguaje, a sus ideas, a sus modos de comportamiento. Y poniendo en todo la levadura de la fe. Aceptando el grado de novedad que proviene de la investigación y de la ciencia y ofreciendo el contenido de la revelación. No puede haber enemigo mayor en este diálogo que una respuesta pagana. Sería como la claudicación esencial. No habría posibilidad de diálogo si no existieran los términos fe y cultura.

Contemplando el horizonte y el futuro. Es la dimensión del espacio y del tiempo. Se educa al hombre para este y para todos aquellos lugares donde pueda encontrarse. Para el hoy en el que vive y para el futuro en el que tendrá que buscar nuevas respuestas a insospechados problemas. Los colegios católicos, siempre como ejemplo de escuela con un gran nivel en la calidad de enseñanza, buscan la formación integral del hombre sin olvidar nunca la ineludible y fundamental referencia al evangelio de Jesucristo.

83. ¿Cuál es la raíz de las defecciones de sacerdotes en la Iglesia?

Dios elige y llama a quien Él quiere, pero respeta la libertad personal de aquel que ha de responder. Es verdad que esa vocación exige un cambio profundo en la vida, en la manera de pensar y de hacer. Pero esa conversión no va a ser fruto de un empeño voluntarista, sino de la acción de la gracia, que va actuando en quien desea seguir de cerca a Cristo.

Si la vocación es una entrega total y sin condiciones, también es cierto que Dios, a quien llama, lo acepta como es, con sus cualidades y defectos personales. Aceptar las propias limitaciones es una prueba más de la confianza en Dios. El que nos ha llamado es fiel y cumplirá la promesa de estar todos los días alentando con la presencia del Espíritu.

Condición indispensable para la vocación es el encuentro personal con Cristo. Pues se trata de oír su voz y de seguirle, de tomar el evangelio y hacerlo vida, y de llevar esa vida a todos los ambientes y rincones del mundo.

Siendo tan importante la labor del sacerdote

dentro de la comunidad cristiana, sin embargo, su papel no puede reducirse, en forma alguna, a la realización de unos importantes servicios pastorales. El sacerdote significa la presencia de Cristo en medio de la comunidad cristiana. Es quien preside la eucaristía, quien reúne a la comunidad y la alimenta con la palabra de Dios. Es quien administra la misericordia de Jesucristo en el sacramento de la penitencia. El sacerdote es el servidor de Jesucristo, el que habla de Jesucristo, el que actúa en nombre de Cristo. Aquí está una de las raíces más profundas de la desilusión del sacerdote: pensar que era él mismo el que se autoenviaba, el que salvaba. Que eran sus planes y proyectos, sus utopías y sus ideas. Había cambiado el reinado de Dios por las añadiduras de unos objetivos tan falsamente humanos que nunca podrían salvar al hombre.

El Espíritu del Señor está sobre mí. Pero no siempre ha sido ese Espíritu el que ha guiado sus pasos. No se ha dejado conducir y llevar por Dios. Se olvidó de la oración, y el corazón no se convertía a Dios. La vocación iba perdiendo ilusiones evangelizadoras. Faltaba sacrificio y desprendimiento, y el amor se iba alejando de los pobres. No había afecto sensible a la Iglesia, y por ello tampoco un amor efectivo y sincero.

Vivir para uno mismo y no para los demás, quejarse de la soledad libremente asumida en el compromiso del celibato, aislarse de la comunión fraterna pretextando incompatibilidades para eludir el trabajo de la participación en acciones comunes. Secularizar en tal forma la existencia que Dios no esté presente ni en los criterios ni en los objetivos de las actividades que se emprenden, tratar con desdén las cosas santas, olvidar la obligación de sacrificarse y orar por el pueblo encomendado, negarse a la alabanza de Dios y de la gratitud a la Iglesia, dejarse carcomer el corazón por la avaricia, la comodidad, el bienestar, abandonar el rebaño, servirse de él en lugar de servirlo, hablar de la propia sabiduría en lugar de la sabiduría de Dios...

En la raíz de las defecciones sacerdotales está el haber caído en la anemia espiritual por no alimentarse de la palabra de Dios. Debilidad que provoca la falta de fidelidad en los compromisos adquiridos.

Hay una herida en la existencia, en la vida del sacerdote, que puede ser muy profunda y hasta difícil de curar. Es la herida de la indiferencia que carcome hasta el interés por los misterios más santos; es la soledad de sí mismo que le aísla de todos; es la falta de relación con Dios que deja sin sentido la afanosa dedicación de cada día; es el olvido de la gracia y del Espíritu que hace caer en el materialismo y reduce el ministerio a la rutina, a la burocracia, a un activismo en el que con dificultad se encuentra a Dios.

Todas éstas son raíces de las defecciones sacerdotales. Las causas inmediatas son muy diversas, desde las afectivas hasta la consecución de aspiraciones de prestigio y de poder.

84. ¿Por qué se ha reducido el número de vocaciones?

Se ha reducido en relación a unas cifras de hace bastantes años. Disminuyen las vocaciones en Europa, aumentan en Asia y América latina. La natalidad ha bajado hasta límites increíbles..., es decir, que en el juicio sobre la disminución de vocaciones hay que hacer referencia a unos datos actuales.

De todos modos, no nos dejemos impresionar por las estadísticas: la misión del sacerdote y del religioso tiene ciertamente un vínculo con las mudables condiciones de la sociedad, pero no se reduce a ellas, pues en su origen está la trascendente fuerza del Espíritu divino, que sopla donde quiere. Si contemplamos la larga historia de la Iglesia, vemos que todos esos valores esenciales, que en ciertos períodos han sufrido crisis, luego han resurgido sin falta, precisamente porque son esenciales. Así ha sucedido y sucederá con el sacerdocio y la vida religiosa.

El problema de las vocaciones no es sociológico, estadístico, pedagógico, sino que está profundamente anclado en la fe y en la referencia a Dios. Aunque sean el hombre o la mujer los llamados, nunca podrá comprenderse la vocación en términos exclusivamente humanos. Dios ha tomado la iniciativa y «pone su mano» sobre aquellos a los que necesita, sin que nadie pueda merecer por sí mismo tan importante favor divino.

De una manera particular hablamos de vocación refiriéndonos a esa llamada de Jesucristo que invita a unos hombres y mujeres para que le sigan más de cerca, asumiendo unos compromisos que no son comunes a todos los fieles. Ese seguimiento cercano de Jesucristo necesita de una llamada, de una gracia especial del Espíritu, de una vocación. Una invitación especial para una misión muy particular: la de seguir a Jesucristo, identificándose con Él, en la maravillosa tarea de ayudar a los hombres a que conozcan a Dios y se salven, en el sentido más amplio del término salvación. Es decir, la liberación del pecado, de la injusticia, del mal. Y la salvación definitiva del encuentro con Dios para siempre.

En un reciente congreso europeo de vocaciones

se hablaba de las características de los jóvenes europeos actuales y de las dificultades para que pudieran seguir una vocación sacerdotal o religiosa: bienestar y disfrute como concepto de vida, subjetivismo, relativismo, dificultad para aceptar normas objetivas, no comprender la obediencia, poca atracción por compromisos institucionales, gusto por lo práctico y provisional, voluntariado social pero no religioso, sin referencias claras sobre el sentido de la vida...

A la Iglesia se le presentan cada día nuevas urgencias evangelizadoras. Nuevos campos de trabajo apostólico. Un tiempo al que no se puede llegar ahogándose en viejas levaduras de perezas y desganas, anticlericalismos, desconfianza de la Iglesia, contagiando desánimos y tristezas.

No se pueden aceptar actitudes de resignación negativa, de pereza pastoral, de contentarse con aguardar a que sean otros quienes resuelvan nuestros propios problemas. Pidamos a Dios las vocaciones que necesitamos. Pero pongamos, al mismo tiempo, el ofrecimiento personal de cada uno para «ayudar a Dios» para que los jóvenes respondan a la llamada que el Señor les hace.

Gran ayuda es siempre la familia. Allí es donde se reciben las mejores lecciones, donde se han ido formando los sentimientos más rotundos. Una familia cristiana nunca debe perder la esperanza de que Dios haga nacer en ella alguna vocación nueva.

Junto a la parroquia, ocupa un lugar primordial la familia. Si los padres hablan a sus hijos de la vocación, de la ayuda a los demás, de las necesidades de la Iglesia, del servicio generoso a Dios, en ellos crecerá una positiva valoración del sacerdocio. Es en la familia donde mejor puede discernirse la verdadera vocación y donde se abren nuevos horizontes de generosidad y de entrega al servicio de todos los hombres. La familia, sin duda, es la gran educadora de la vocación de cada uno de sus miembros.

Necesitamos sacerdotes. No podemos esperar que sean otras las familias que se sacrifiquen, que sean otros los hijos que dejen la casa para ingresar en el seminario o en la casa religiosa.

Si obra es de Dios, a Él habrá que acudir para pedir y suplicar las vocaciones que se necesitan. Pero, al mismo tiempo, trabajar y preparar el campo donde va a caer esa semilla de la llamada de Dios, para que pueda acogerse con deseo y dar el ciento por uno. Y perseverar en la oración y en la esperanza.

85. ¿Qué se entiende cuando se dice que el papa es infalible?

La Iglesia reconoce que lo expresado en el magisterio del papa, cuando habla como maestro de la fe y costumbres, es verdadero y está libre de error. La infabilidad es una gracia que el Espíritu ha dado a la Iglesia y que la ejerce el romano pontífice. El papa goza de esta infalibilidad en virtud de su ministerio cuando, como pastor y maestro supremo de todos los fieles, proclama por un acto definitivo la doctrina en cuestiones de fe y moral.

Si la Iglesia es sacramento universal de salvación, tiene que tener esa cualidad espiritual de indefectible, que no puede faltar como presencia de la verdad que Cristo le ha dado.

«Esta infalibilidad que el Divino Redentor quiso que tuviera su Iglesia cuando define la doctrina de fe y de costumbres se extiende a todo cuanto abarca el depósito de la divina Revelación entregado para la fiel custodia y exposición. Esta infalibilidad compete al romano pontífice, cabeza del Colegio Episcopal, en razón de su oficio, cuando proclama como definitiva la doctrina de fe o de costumbres en su calidad de supremo pastor y maestro de todos los fieles a quienes ha de confirmarlos en la fe. Por lo cual, con razón se dice que sus definiciones por sí y no por el consentimiento de la Iglesia son irreformables, puesto que han sido proclamadas bajo la asistencia del Espíritu Santo prometida a él en san Pedro, y así no necesitan de ninguna aprobación de otros ni admiten tampoco la apelación a ningún otro tribunal. Porque en esos casos el romano pontífice no da una sentencia como persona privada, sino que en calidad de maestro supremo de la Iglesia universal, en quien singularmente reside el carisma de la infalibilidad de la Iglesia misma, expone o defiende la doctrina de la fe católica.» Así se expresa el Concilio Vaticano II (*LG,* 25).

86. ¿Hasta qué punto se permite la libertad de opinión en la Iglesia? ¿Por qué se les retira la posibilidad de enseñar a muchos teólogos?

En la Iglesia siempre ha habido libertad de opinión en todo aquello en lo que no hay certeza de fe. Cuando una verdad pertenece claramente al depósito de la revelación ya no puede haber libertad de opinión. El grado supremo de certeza en una verdad de fe se da cuando ha sido definida en magisterio solemne como revelada por Dios.

La Iglesia ha de ser, inexcusablemente, escuela de fidelidad a Cristo, de respeto y de reconocimiento a los diversos carismas y ministerios que aparecen, como don del Espíritu, dentro de la misma comunidad. Una fidelidad dinámica que huye de la autosuficiencia para abrirse a un efectivo trabajo de colaboración.

A los sucesores de los apóstoles se les ha confiado el oficio de guardar, exponer y difundir la palabra de Dios, a fin de garantizar la profesión auténtica de la fe. La función magisterial no es tanto algo extrínseco a la verdad cristiana, ni algo sobrepuesto a la fe, sino que nace de la misma fe revelada. Si el teólogo recibe el mandato de enseñar, no debe faltar en él una actitud fundamental de disponibilidad para acoger lealmente la enseñanza de la Iglesia.

Un gran error, en el que no pocos han caído, es el de una exposición fragmentaria de la ciencia teológica, sin cohesión interna, sin exposición sistemática de las verdades. Eran como destellos luminosos en medio de un espacio lleno de dudas, vacíos e ignorancias. El ordenamiento sistemático de la ciencia es condición imprescindible para una buena praxis didáctica.

La investigación, el estudio, la docencia de la teología requiere una gran coherencia entre la creencia de fe y el comportamiento social, pues la teología es estudio y vivencia, es conocimiento y es vida. La fe cristiana no entra en competencia con el esfuerzo y las esperanzas humanas por conseguir una mejor calidad de vida. Aporta su convencimiento, su fe, su evangelio, la revelación que ha recibido y que ayuda a salir de falsos señuelos materialistas y equívocas seguridades. La fe no destruye nada de lo humano, sino que lo purifica y responsabiliza para hacer del mundo el verdadero reinado de Dios.

El teólogo, el que busca en la revelación de Dios la verdad, tendrá que ofrecer un claro testimonio confesante de su creencia, sin reducirla a la esfera de lo meramente teórico y privado. Tendrá que dejar bien clara su posición creyente, sin que ello reduzca lo más mínimo ni su libertad para el conocimiento ni el respeto que debe a los que piensan de otra manera.

Como miembro del pueblo de Dios, el teólogo debe respetarlo y comprometerse a darle una enseñanza que no lesione lo más mínimo la doctrina de la fe. La enseñanza de la teología debe ser un servicio muy desinteresado a la comunidad de los creyentes. La libertad propia de la investigación teológica se ejerce dentro de la fe de la Iglesia. Cuando el teólogo no acepta ese servicio de enseñanza en fidelidad a la Iglesia es cuando se le retira la *missio* para enseñar.

87. ¿Es obligatorio para un sacerdote o religioso llevar distintivo de su estado?

La normativa de la Iglesia dice que los clérigos han de vestir un traje eclesiástico digno, según las normas dadas por la Conferencia Episcopal y las costumbres legítimas del lugar.

Los religiosos, el hábito de su instituto, hecho de acuerdo con la norma del derecho propio, como signo de su consagración y testimonio de pobreza.

Las conferencias episcopales y las costumbres legítimas son las que marcarán la manera y forma de cumplir con esta norma. Se insiste en el valor de signo y testimonio del ministerio y de la consagración. Al tratarse de una norma disciplinar siempre cabe la dispensa por parte del legítimo superior.

88. El mal ejemplo de curas o religiosos lleva a mucha gente a abandonar la fe. ¿Se puede hacer algo para evitarlo?

El testimonio, el comportamiento de sacerdotes y religiosos, ciertamente es punto de referencia y motivo para acercarse o para el alejamiento de la comunidad cristiana. De todos modos, la fe es algo muy grande, una gracia que Dios nos da. Que hay que guardar y no dejar que se pierda por motivo alguno. Mucho menos por escándalos no siempre ajenos a lo farisaico y a lo demagógico.

Los consagrados, sacerdotes y religiosos, tienen que ser maestros. Y la primera lección, y la más importante que se necesita aprender de ellos, es la del testimonio de su propia vida. La alegría de su consagración, la generosa entrega de servicio a los demás, el desbordado amor a Jesucristo manifestado en la práctica de una caridad sacrificada, el ejemplo de su vida fraterna.

Son muchas las tareas que, aparte de las específicamente ministeriales, realiza el sacerdote en favor de los hombres: ayuda y promoción social, educación, cuidado de los enfermos, caridad y asistencia... Todo ello es tan meritorio como digno de gratitud y de elogio. Y por todo ello se admira y se quiere al sacerdote.

El sacerdote, desde su vida entregada generosamente a Cristo, es ministro y servidor de la comunidad, a la que alimenta con la palabra de Cristo, con los sacramentos, con la práctica de la caridad. Como maestro, enseña con la doctrina que de Cristo ha recibido. Como testigo, hace presente en su existencia la misma forma de vida del Señor. Sólo Jesucristo es el maestro y el más creíble de todos los testigos. El sacerdote trata de vivir fiel a ese magisterio y a esa vida.

El sacerdote es este servidor que ha escuchado y ha seguido la invitación de Jesucristo. Si como hombre está sujeto a la debilidad y al pecado, con la vocación y la gracia de Dios puede realizar ese maravilloso ministerio de estar siempre en favor de los hombres en lo que se refiere a Dios y prolongar la presencia del Señor, con el ministerio de la palabra y de los sacramentos, para que el mundo crea y se salve.

La mejor manera de evitar el mal ejemplo es vivir en fidelidad constante a la vocación recibida. Solamente representando a Cristo se puede hacer memoria de sus misterios. Solamente unido a Cristo puede ser el sacerdote sarmiento de gracia para los hombres.

Solidario con los hombres a los que debe servir con fidelidad. Lo que gratis ha recibido, en generosidad lo debe repartir con sus hermanos. Solidaridad con los hombres que es fuerte compromiso de misión y de misericordia. De misión, como anuncio de la Buena Noticia de salvación para todos. De misericordia, pues el sacerdote no es sino el administrador del Misericordioso. Bien podemos aquí recordar las palabras de san Juan de Ávila a los sacerdotes, cuando les recomienda tratar con bondad y con misericordia a todos los hombres. Acuérdate, les dice, que los pecadores son de Dios y que Él los envía a ti para que los perdones. Los enfermos son de Dios, y Dios los envía a ti para que los cures. Los alejados son de Dios y Dios te los envía para que los acerques a Dios. Los necesitados son de Dios y Dios los envía a ti para que remedies su necesidad.

89. ¿No sería mejor que los obispos lo fueran de las diócesis o regiones donde han nacido?

Es necesario que el obispo sea irreprensible, sobrio, sensato, educado, hospitalario, apto para enseñar, moderado, desprendido... Estas virtudes, según san Pablo, son las que se requieren en el obispo. El Concilio Vaticano II fue más explícito en cuanto a la figura y ministerio del obispo: debe armonizar el ser hermano y padre, discípulo de Cristo y maestro de la fe, enseñar con autoridad la palabra de Dios y ser testigo de ella, custodiarla con fidelidad e interpretarla auténticamente, presidir el culto en nombre de Cristo y dispensar los misterios de Dios, reunir y gobernar la Iglesia particular, juzgar acerca de la autenticidad de los carismas, sacerdote y pastor...

Los obispos son elegidos por el papa y se les encomienda enseñar, santificar y gobernar pastoralmente una determinada porción del pueblo de Dios. Lo importante, pues, es que sirvan para desempeñar el oficio que se les confía. Puede ser muy adecuado el que pertenezcan a la misma comunidad humana a la que han de servir. También puede tener no pocos inconvenientes. En la tradición y costumbre de la Iglesia en la designación de obispos se contemplan todos los casos. Lo que no sería bueno es pensar en razones nacionalistas y excluyentes a la hora de pedir los pastores que han de servir en la Iglesia particular, en la diócesis.

IX. LAS OTRAS RELIGIONES DEL MUNDO

90. ¿Cuál es la postura de la Iglesia frente a los demás credos? ¿Qué sentido tienen hoy las misiones en un mundo que pregona la libertad religiosa?

Como expresó el Concilio Vaticano II, el diálogo sincero con los creyentes de otras religiones supone, por un lado, aceptar recíprocamente las diferencias, o incluso las contradicciones, y, por otro, respetar las decisiones libres que las personas toman de acuerdo con su propia conciencia. La Iglesia está convencida de que hay posibilidad de hablar de Dios a todos los hombres y con todos los hombres.

Como la vida se desarrolla dentro de una determinada cultura, habrá que realizar un buen trabajo para poner en diálogo la fe y el pensamiento, el evangelio y la actividad de los hombres. Una fe que no esté presente en la historia, en la experiencia de los hombres, sería una fe evasiva, desencarnada. No es que la fe se confunda con la cultura, pero allí donde están los hombres, con su lenguaje, valores, tradiciones, historia..., es donde se vive la fe. La inculturación conduce a poner la revelación en la historia de los hombres.

Diálogo de la vida, compartiendo en buena vecindad alegrías y preocupaciones; en las obras, colaborando solidariamente en favor de todos; en los intercambios teológicos, profundizando las respectivas herencias de fe y valores espirituales; en la experiencia religiosa y la búsqueda de Dios.

Las formas de practicar el diálogo ecuménico e interreligioso pueden ser muy diversas: oración común, diálogo en amistad y caridad, la hospitalidad cordial, conocimiento mutuo y el intercambio de bienes, colaboración en iniciativas comunes de servicio y de testimonio, conocimiento de la historia, de la doctrina y de la actividad caritativa y apostólica de los otros creyentes.

A ello habrá que añadir el testimonio mismo de una vida impregnada de amor fraterno hacia todos. La solicitud por la vida humana, que se manifiesta tanto en la compasión por el sufrimiento físico y espiritual como en el empeño por la justicia, la paz y la salvaguardia de la creación. Ecumenismo espiritual de la oración, de la conversión del corazón y de la caridad.

¿Por qué las misiones? De Jesucristo hemos oído estas palabras: Id a todos los pueblos y enseñadles lo que de mí habéis aprendido. Es, por tanto, la forma de vivir y de hacer de Jesús lo que la Iglesia quiere hacer presente con sus misiones. Es el mandamiento de Jesucristo y la fuerza de la caridad, por la que siempre han de distinguirse los seguidores de Jesús.

El conocimiento de Dios, el amor fraterno, la unión de todos en Jesucristo Salvador son bienes muy grandes que no se pueden guardar sólo para uno mismo, sino que hay que compartirlos.

«Todos los creyentes en Cristo deben sentir, como parte integrante de su fe, la solicitud apostólica de transmitir a otros su alegría y su luz. Esta solicitud debe convertirse, por así decirlo, en hambre y sed de dar a conocer al Señor cuando se mira abiertamente hacia los inmensos horizontes del mundo no cristiano. Quien tiene espíritu misionero siente el ardor de Cristo por las almas y ama a la Iglesia, como Cristo» (Juan Pablo II, *Redeptoris missio (RM)*, 40, 89). Estas palabras de Juan Pablo II sobre la permanente validez del mandato misionero nos hablan de la responsabilidad que a todos nos incumbe. Tener sed de Dios y no tratar de hacer que el nombre de Dios sea conocido y respetado en su ley por todos es engaño. Pues una fe auténtica lleva consigo el ardor misionero, el deseo de compartir el amor de Jesucristo.

Si los misioneros y misioneras llegan a otros países, no es para imponer ideas y costumbres venidas de fuera, sino para ofrecer y compartir lo que tienen: el conocimiento y el amor de Jesucristo, el mandamiento nuevo, las bienaventuranzas, la esperanza en la presencia y la acción del Espíritu Santo, la oración y los sacramentos. Y todo ello no sólo como doctrina que se predica sino como algo que se vive y de lo cual quiere darse testimonio ante los demás.

Todos los hombres han sido llamados en Jesucristo y a todos se les ofrece la salvación. Si el cristiano que oye las palabras de Jesucristo, id por todo el mundo y anunciad el evangelio, se pone en camino, no lo hace por otros motivos sino por el de extender la fe del Señor al que ha conocido y que considera un bien muy grande para repartir con los demás. Sería de un egoísmo imperdonable el tener la verdad y no comunicársela a los demás.

Un mandato misionero que tiene no sólo una dimensión universal en el sentido geográfico sino que proclama que la salvación que Cristo ofrece es liberación completa del hombre y de todo aquello que le impide vivir con la libertad y dignidad que como hombre e hijo de Dios le corresponde.

91. Cuando hablamos del islam y la Iglesia, ¿hablamos de hermanos o de enemigos?

El islam es al mismo tiempo creencia y ley, sumisión y testimonio, comunidad, cultura y civilización. Dios es el que da la existencia al hombre y todos los creyentes son iguales delante de Dios.

Las acusaciones de integrismo, de actitudes fanáticas y reaccionarias se dirigen con virulencia a cristianos y musulmanes, especialmente desde sectores con ambigua trayectoria en la defensa de los verdaderos derechos fundamentales del hombre. Se confunde la fidelidad con el fatalismo; el sentido de lealtad a las propias creencias con lo fanático. Por parte de la Iglesia no hay guerra santa ni frente común, sino una actitud positiva de diálogo y de sincero deseo para encontrar los mejores caminos que solucionen los graves problemas de la población y del desarrollo.

Por otra parte, que la Iglesia católica dialogue con los creyentes del islam no es algo nuevo, insólito. Es verdad que cada época tuvo sus dificultades, pero también sus logros positivos. El Concilio Vaticano II fue explícito: la Iglesia mira con aprecio a los musulmanes, que adoran al Dios único, a cuyos designios procuran someterse con toda el alma. Si en el transcurso de los siglos surgieron no pocas desavenencias y enemistades entre cristianos y musulmanes, había llegado el momento de la comprensión mutua, de la defensa y promoción conjunta de la justicia social, de los bienes morales, de la paz y de la libertad para todos los hombres.

Hay una mentalidad nueva que no es producto de acuerdos convencionales, sino del reconocimiento de la necesidad de un esfuerzo común en favor de unos valores esenciales. No se trata de utilizar la religión como medio útil y poderoso ni hacer un frente único ante posibles desafíos. El diálogo es una exigencia de la propia fe, como don de Dios que hay que compartir para lograr un mundo más fraterno. Aunque también es cierto que existe una seria resistencia al concepto de diálogo, tanto por parte de los cristianos como de los musulmanes. Se prefiere la palabra «relación», no como coexistencia en actitud indiferente sino con actitud abierta a la comunicación con el otro. El diálogo no es una actitud táctica, sino una exigencia de la fe. Se reafirman convicciones, se anima la buena voluntad de todos aquellos que, conscientes del gran peligro que constituye para la humanidad la amenaza del ateísmo, quieren un futuro mejor para el mundo, basado en el respeto de los valores humanos esenciales cimentados en la fe en Dios.

Los obstáculos para una verdadera relación entre cristianos y musulmanes son muchos y variados. Desde los que consideran ese diálogo como una solapada y recíproca estrategia misionera, hasta el fundamentalismo, la intolerancia, los nacionalismos exacerbados. Una de las barreras más infranqueables es la del mutuo desconocimiento como creyentes. Sin embargo, más que ayuda es casi un estorbo, para una adecuada relación entre cristianos y musulmanes, esa especie de *consumismo religioso* que de cuando en cuando parece ponerse de moda, y que consiste en el acercamiento a otras formas religiosas —cuanto más exóticas y distantes de la propia cultura, mejor—, y hacerse «creyentes» ocasionales. Como un juego religioso de vacaciones o de evasión para tiempo de crisis.

No se busca sinceramente a Dios, sino el parecer distinto. Es como una trivialización de lo religioso. La indiferencia o el relativismo es el resultado final.

Por otra parte, el relativismo, la falta de fidelidad a las propias creencias, la privatización de la fe, que se considera como algo íntimo y exclusivamente personal, es un serio inconveniente para un diálogo sincero. Será muy difícil que un verdadero musulmán pueda hacer esos distingos racionalistas de separación entre la fe y la vida. Para un cristiano, la fe y las obras van unidas, la creencia y el testimonio, el seguimiento de Jesucristo y el compromiso social.

92. ¿Qué diferencia a la Iglesia de cualquier otra secta, religión o grupo de creyentes?

Sobre todo, su origen divino. La Iglesia ha sido fundada por Jesucristo y es sacramento del mismo Cristo y del Espíritu Santo. Cuerpo místico de Cristo y presente, como realidad histórica, en el mundo y con una misión evangelizadora: dar a conocer ese mismo misterio de Cristo, su vida, su doctrina, la buena noticia del evangelio.

Unas notas características definen a la Iglesia por su unidad de fe y de magisterio. Santidad por la asistencia del Espíritu Santo. Universalidad: todos los hombres están llamados y a todos se ofrece la salvación de Jesucristo. Apostolicidad, fundada en la enseñanza de los apóstoles.

La mejor expresión de la Iglesia es la de la celebración de la eucaristía, donde la palabra, el sacramento y el amor fraterno se realizan en la unidad de la misma fe en Jesucristo, vivo y presente en la Iglesia.

La Iglesia como templo de Dios, edificada sobre el cimiento de los apóstoles. El obispo de Roma es señal y garantía de la unidad de la Iglesia. Solamente en comunión con el papa se puede ser fiel al evangelio de Jesucristo. El papa es maestro de la fe. Su magisterio y testimonio es luz y orientación para la fe y la conducta moral.

La Iglesia es una sociedad que está en el mundo, pero su origen está en el mismo Cristo, que la estableció como una comunidad de fe. Se la encomienda al cuidado de los apóstoles y puso, al frente de ella, a Pedro.

Los apóstoles se cuidaron de buscar sucesores que aseguraran la continuidad del ministerio de gobernar al pueblo de Dios que el mismo Cristo les había encomendado a ellos. Así, desde los orígenes, la Iglesia ha recibido esa sucesión apostólica y el papa, como sucesor de Pedro, gobierna la Iglesia. Los obispos, en comunión con el papa, cuidan y gobiernan la porción de la Iglesia que se les ha encomendado, la diócesis.

Cristo instituye en su Iglesia diversos ministerios ordenados al bien de todo el pueblo. Fue el mismo Cristo el que envió apóstoles para que gobernaran la Iglesia, igual que Él había sido enviado por el Padre. Son los obispos, sucesores de los apóstoles, quienes, junto al sucesor de Pedro, Vicario de Cristo y cabeza visible de toda la Iglesia, rigen la Iglesia.

La Iglesia es en Cristo una señal de la unión con Dios y con los hombres, como un sacramento, una comunidad que va peregrinando por este mundo entre persecuciones y consuelos.

Ésta es la identidad de la Iglesia y lo que la distingue de cualquier otro grupo religioso o humano.

93. ¿En qué se diferencian las sectas de las religiones? ¿En qué radica su mal?

La religión supone siempre un conjunto de creencias y una serie de prácticas relacionadas con lo sagrado. Hay un cuerpo de doctrina y una práctica moral. Tienen carácter universal.

En la secta, lo que aparece no es tanto una doctrina cuanto un líder que asume y lo personaliza todo. El grupo es reducido y fuertemente cohesionado, fundamentalista y rígido en la exigencia de fidelidad al líder que, por su parte, ofrece seguridad, trascendencia, felicidad...

Aparte de todas las negativas consecuencias de índole psicológica (despersonalización, evasión de la realidad, desequilibrio emocional...), las sectas conducen al escepticismo, se oponen a la doctrina y moral de la Iglesia y, con no poca frecuencia, recogen a grupos disidentes de la misma Iglesia.

Las sectas se sitúan al margen de cualquier religión histórica e, incluso, algunas se consideran como religiones alternativas. La situación de marginalidad respecto a las leyes civiles y los escándalos de algunas de sus actuaciones ha llevado a una valoración muy negativa de las sectas.

X. SUPERSTICIÓN, PREDESTINACIÓN Y ESOTERISMO

94. ¿Qué diferencia hay entre fe y superstición?

La fe es un don con el que Dios llama al conocimiento de Él mismo. Un acto personal, bajo la acción de la gracia, en el que se acoge la autorrevelación de Dios. Cristo y su evangelio es el contenido de la fe y el único que salva.

La superstición es una degradación de la fe. Una credulidad basada en contenidos mágicos que se atribuyen a unas palabras o a unas acciones. De la realización de esos actos se siguen unos efectos beneficiosos o perjudiciales. En la superstición hay un afán de dominio, de adueñamiento de poderes, de consecución de beneficios por la única razón de poseer la palabra o el signo mágico.

95. ¿Qué opina la Iglesia sobre el yoga?

Habría que distinguir el yoga como filosofía de contenido religioso hinduista y el yoga como una serie de ejercicios físicos, posturas, control de la respiración, concentración mental...

En cuanto a la relación entre el yoga y la oración cristiana, la Iglesia ha expresado su opinión: la meditación cristiana rechaza técnicas impersonales o centradas en el yo que impidan al hombre que hace oración abrirse a Dios y al prójimo. La naturaleza de la meditación cristiana se configura como un diálogo personal, íntimo y profundo entre el hombre y Dios a partir de la revelación que de sí mismo nos ha hecho el mismo Dios.

«Actualmente en la práctica de la meditación contemplativa se presta particular atención a los métodos psico-físicos y corpóreos. La experiencia demuestra que la posición y la actitud del cuerpo no dejan de tener influjo sobre el recogimiento y sobre la disposición del espíritu. El simbolismo psico-físico, valorizado ya en el pasado por la tradición cristiana, especialmente en la oriental, debe ser concebido como un signo de la realidad espiritual que se busca. Por ejemplo, el ejercicio de la "oración a Jesús", adaptada al ritmo respiratorio, puede ser útil. También ciertas prácticas tomadas de las grandes religiones no cristianas pueden ayudar a la persona que hace oración a estar interiormente distendida delante de Dios. Pero el simbolismo psico-físico puede también degenerar en un culto del cuerpo y puede llevar a identificar las sensaciones subjetivas con la acción del Espíritu Santo. Por lo demás, el espíritu de oración, la "oración continua", debe extenderse al trabajo y al cuidado del prójimo» (Congregación para la Doctrina de la Fe, *Carta sobre algunos aspectos de la meditación cristiana,* 6).

96. ¿Qué opinión tiene la Iglesia sobre la reencarnación?

«La muerte es el fin de la peregrinación terrena del hombre, del tiempo de gracia y de misericordia que Dios le ofrece para realizar su vida terrena según el designio divino y para decidir su último destino. Cuando ha tenido fin el único curso de nuestra vida terrena ya no volveremos a otras vidas terrenas. Está establecido que los hombres mueran una sola vez. No hay "reencarnación" después de la muerte» (*Catecismo,* 1 013).

97. ¿Es lícito para un cristiano creer en el horóscopo?

Predicción del futuro de personas deducida de la posición de los astros, supuesta adivinación de la suerte de las personas en un futuro más o menos próximo... El cristiano debe ponerse con confianza en las manos de la Providencia en lo que se refiere al futuro. «Todas las formas de *adivinación* deben rechazarse: recurso a Satán o a los demonios, evocación de los muertos y otras prácticas que equivocadamente se supone "desvelan" el porvenir. La consulta de horóscopos, la astrología, la quiromancia, la interpretación de presagios y de suertes, los fenómenos de visión, el recurso a *mediums* encierran una voluntad de poder sobre el tiempo, la historia y, finalmente, los hombres, a la vez que un deseo de conciliarse los poderes ocultos. Están en contradicción con el honor y el respeto, mezclados de temor amoroso, que debemos solamente a Dios» (*Catecismo,* 2 116).

98. ¿Existe una predestinación o destino para cada hombre desde que nace?

«Para Dios, todos los momentos del tiempo están presentes en su actualidad. Por tanto establece su designio eterno de "predestinación" incluyendo en él la respuesta libre de cada hombre a su gracia» (*Catecismo,* 600). Voluntad de Dios de hacer al hombre partícipe de su naturaleza y bondad. Dios quiere la salvación de todos los hombres. Dios nos ha elegido antes de la creación del mundo para ser santos e inmaculados en el amor y nos ha predestinado a la adopción de hijos suyos en Cristo, dice san Pablo. Dios quiere que todos los hombres se salven y lleguen al conocimiento de la verdad. No existe una predestinación para la condenación.

Esa predestinación a la salvación por parte de Dios no anula la libertad humana sino que la reafirma. Dios ofrece su amor salvador y el hombre lo acepta o lo rechaza. El hombre está llamado, predestinado a amar a su Creador y Señor.

99. ¿Es correcto para un cristiano acudir a un curandero?

Es tan correcto o incorrecto como para cualquier persona. Siempre desaconsejable. Es a los profesionales de la medicina a los que se debe acudir. Otra cosa distinta es acudir al curandero no sólo buscando un remedio a una dolencia sino cuando se pretende algún remedio mágico, supersticioso, rayano en lo idolátrico. En este caso, a lo incorrecto iría unida la falta moral contra la virtud de la esperanza en Dios, único Señor Todopoderoso.

100. ¿Se puede hablar con los espíritus de los muertos?

Creemos en la inmortalidad y, por tanto, es natural el convencimiento de que las almas viven después de la muerte. Otra cosa distinta es la posibilidad de comunicarse con ellas. La valoración moral del espiritismo dependerá sobre todo de la intencionalidad.

«Todas las prácticas de *magia* o de *hechicería* mediante las que se pretende domesticar las potencias ocultas para ponerlas a su servicio y obtener un poder sobrenatural sobre el prójimo —aunque sea para procurar la salud—, son gravemente contrarias a la virtud de la religión. Estas prácticas son más condenables aún cuando van acompañadas de una intención de dañar a otro o recurren a la intervención de los demonios. El llevar amuletos es también reprensible. El *espiritismo* implica con frecuencia prácticas adivinatorias o mágicas. Por eso, la Iglesia advierte a los fieles que se guarden de él. El recurso a las medicinas llamadas tradicionales no legitima ni la invocación de las potencias malignas ni la explotación de la credulidad del prójimo» (*Catecismo,* 2 117).

